Hazám, hazám, te mindenem

Hazám, hazám, te mindenem!
Tudom, hogy életem neked köszönhetem.
Arany mezők, ezüst folyók,
Hős vértől ázottak, könnytől áradók.

Egressy Béni – Bánk áriája

Szalay Könyvek

Tartalom

❧

„Kik szabadon éltek-haltak"

"Those who lived and died free" – „Die frei lebten und starben"

A magyarok őshazái

Nem kétséges őseink ázsiai eredete, bár sokan úgy vélik, a magyarok eredeti őshazája nem az Uráltól keletre, hanem a nagy kontinensválasztó hegytől nyugatra, a mai Baskíriában volt. A Káma folyó mellett éltek a finnugorok ugor ágba tartozó ősei. A magyarok halásztak-vadásztak, gyűjtögettek. A történészek csak ma kezdik elfogadni, hogy ezt a nagy, majdnem ezer éven át tartó népvándorlást természeti okra vezethetik vissza: keleten fokozatosan kiszáradtak a legelők, és az állattenyésztő lovas népek nyugaton kerestek maguknak új hazát. Ez a keresés dominóelven működött, és őseinket előbb átűzte az Urálon, aztán a

Volga folyó kanyarulatában éltek jó ideig. Majd a keleti nyomás ismét erősödött, és az i. u. 8. században a kazárok uralma alá került a magyarság. A hét törzsből álló magyarok még nem alkottak nemzetet, a törzsek egymással szövetségben ugyan, de külön-külön területeken éltek. Őseink ekkor már tudtak fémeket önteni, szőlőt, zöldséget és gyümölcsöt termesztettek, és szinte az összes ma ismert háziállatot is tartották, egyáltalán nem a harciasságukról voltak híresek. A férfiak mind értettek a fegyverekhez, remek lovasok voltak, hiszen a sztyeppén – kis túlzással – lóháton születtek, éltek és haltak.

Míg más népeket akkoriban az erősebbek egyszerűen magukba olvasztottak,

addig a magyarok még a hosszú kazár uralom alatt is megőrizték azonosságukat. Tovább vándoroltak Levédiába, majd onnan Etelközbe (azaz „folyóközbe”), ami már a mai Ukrajna területén volt. Sokan vélik úgy, hogy a magyaroknak közük volt a szkítákhoz, és a hunokhoz is, azonban a tudomány ezekre a feltételezésekre nem talált bizonyítékot. Mint minden kis nép, a magyarok régen is, ma is szeretik magukat összekapcsolni valamilyen egykorvolt nagy néppel és/vagy birodalommal.

Ahogyan akkoriban magukat nevezték: a „mogyerek” vagy „megyeriek” egyre önállóbbak és erősebbek lettek.

Sokféle hányattatás után mégis tovább kellett vándorolniuk, bár ottani tartózkodásukról árulkodnak nyelvünkben egyes szavak, és az elsajátított kézműves technikák is. Mire Krisztus születése után 5-600 év is eltelt, a magyarok a bolgár-törökök közvetítésével sokat tanultak a földművelésről, és átvették a türk rovásírást. Az onogurokkal élő magyarokat az idegen kereskedők, krónikások szintén onoguroknak tartották, innen a magyarok idegen nyelveken meghonosult elnevezése (*Ungar, Hongrois, Hungarian, Venger stb.*).

Már a kilencedik századot írták a keresztény krónikások, amikor keletről a magyarokat újabb veszély: ezúttal a besenyők fenyegették.

Die Urheimaten der Ungarn

Die Urheimaten der Ungarn

Unsere Vorfahren stammen zweifellos aus Asien, obwohl viele meinen, dass die ursprüngliche Urheimat der Ungarn nicht östlich des Urals, dieser großen Gebirgsgrenze, die Europa und Asien trennt, sondern eher westlich des Urals, im heutigen Baschkirien lag. Am Fluss Kama lebten die Ahnen der Finnougrier, die zum ugrischen Zweig dieser Völkerfamilie gehörten. Die Ungarn waren Jäger, Sammler und Fischer. Die Historiker fangen erst jetzt an, zu akzeptieren, dass diese große Völkerwanderung, die fast 1000 Jahre dauerte, auf natürliche Ursachen zurückzuführen ist: im Osten trockneten die Weiden nach und nach aus, und die viehzüchtenden Reitervölker brachen auf, um im Westen eine neue Heimat zu finden. Diese Suche vollzog sich nach dem Dominoprinzip, unsere Vorfahren wurden zuerst auf die andere Seite des Urals vertrieben, dann lebten sie lange Zeit am Wolgaknie. Später wurde der Drang aus dem Osten wieder stärker, und die Ungarn gerieten im 8. Jh. n.Ch. unter die Herrschaft der Chasaren. Die Ungarn, die damals 7 Stämme hatten, bildeten noch keine Nation. Die Stämme schlossen sich zwar zu einem Stammesverband zusammen, aber sie lebten getrennt auf ihren eigenen Gebieten. Unsere Vorfahren konnten schon Metall gießen, sie bauten Weintrauben, Obst und Gemüse an, züchteten schon alle heute bekannten Haustiere, sie waren also überhaupt nicht kampflustig. Die Männer gingen gut mit Waffen um, waren ausgezeichnete Reiter, sie wurden ja auf der Steppe – leicht übertrieben – auf dem Pferd geboren, sie lebten und starben auch dort.

Während andere Völker von den stärkeren einfach assimiliert wurden, konnten die Ungarn ihre Identität sogar unter der langen chasarischen Herrschaft bewahren. Sie wanderten weiter nach Levedien, dann nach Etelköz (d.h. Zwischenstromland), das heute in der Ukraine liegt.

Viele denken, dass die Ungarn mit den Skythen und den Hunnen verwandt sind, aber diese Annahme konnten von der Wissenschaft nicht belegt werden. Wie auch andere kleine Völker, so verbinden sich die Ungarn selbst gern mit einem alten, mächtigen Volk und/ oder Reich.

Die Ungarn nannten sich damals „Mogyer" oder „Megyeri", und sie wurden immer selbständiger und stärker. Nach vielen Schwierigkeiten mussten sie aber weiter ziehen. Ihren dortigen Aufenthalt beweisen einige Wörter in der ungarischen Sprache und die erlernten Handwerkstechniken. Bis 500-600 n.Ch. lernten die Ungarn durch die Vermittlung der Wolgabulgaren viel über den Ackerbau, und übernahmen die türkische Runenschrift. Die fremden Händler und Chronisten hielten die Ungarn, die mit den Onoguren zusammenlebten, auch für Onoguren. Daher kommt die Bezeichnung der Ungarn in den anderen Sprachen (Ungar, Hongrois, Hungarian, Venger usw.).

Im 9. Jh. wurden die Ungarn von einer neuen Gefahr bedroht: von den Petschenegen.

The Ancestral Lands of the Hungarians

The Asian decent of the Hungarians cannot be questioned, although there are many people who feel the original homeland of the Hungarians wasn't located east of the Ural mountains, but rather west of the Ural mountain chain in the modern-day Bashkortostan. The Ugor ancestors of the Finnugors lived along the river Kama. The Hungarians were hunters, fishers and gatherers. Historians are just beginning to accept the fact that the great migration of people that lasted over a thousand years was due to natural causes: the pastures in the east grew increasingly arid, so the stock-breeding, horseback-riding people searched for a new home in the west. This can be seen as a row of dominoes, first leading our ancestors over the Urals, settling in the bend of the river Volga for quite some time. The pressure from the east increased, thus the Hungarians fell under the sway of the Khazars in the 8th century AD. The Hungarians, comprised of seven tribes, were yet to form a nation, and although the tribes were allied with each other, they lived apart.

At the time, the Hungarian ancestors already knew how to forge metal, and harvest grapes, vegetables and fruits; they kept almost all of the modern domestic animals and weren't hostile at all. The men all knew how to wield weapons and were superb horsemen, since on the steppe, they – with a slight exaggeration – were born, lived and died on the back of a horse.

Whilst other people were assimilated into stronger groups, the Hungarians preserved their identity even under the lasting Khazar rein. They continued their journey into Levedia, to the region between the rivers Dnieper, Dniester, Bug and Siret called Etelköz (the "inter-river" region), in the area of the modern-day Ukraine. There are many who think that the Hungarians were related to the Scythians and the Huns, however, there is no scientific evidence to prove these assumptions. Like all people, the Hungarians – in the past and present alike – liked to relate themselves to some former great people and/or nation.

The Hungarians, or the "mogyers" or "megyers" as they called themselves at the time, increased in strength and independence. They wandered on through a host of trials and tribulations, while their path is indicated by the host of words still used to this day and various techniques of craftsmanship they learnt on their way. The Hungarians learnt much about agriculture through the Bulgarians and Turkish people in the fifth and sixth centuries AD, along with the Turkish rune writing. The Hungarians living with the Onugors were deemed to be the same as the Onugors by foreign traders and chroniclers, hence the name of the Hungarians in foreign languages (Ungar, Hongrois, Hungarian, Venger, etc.).

In the ninth century AD, the Hungarians had to face yet another threat from the east: the Pechenegs.

A vérszerződés

Der Blutvertrag

Die Ungarn („Megyeri") hielten während ihrer Wanderungen gegen die äußeren Feinde zusammen. Die Mitglieder der Stämme heirateten aber nur unter sich, und ihre Fürsten wählten sie auch selbst. In Etelköz, dem Gebiet zwischen den Flüssen Dnepr, Dnjestr, Bug und Seret, wo sie lebten, bedeuteten die Petschenegen, die auch von anderen Völkern bedrängt wurden, eine alltägliche Gefahr. Die ungarischen Stammesfürsten meinten, dass der Kampf gegen die Petschenegen keinen Sinn hat, da viele getötet würden, und der Rest sich auflösen würde. So beschlossen sie, das Gebiet zu verlassen. Die Fürsten der sieben Stämme -Nyék, Megyer, Kürtgyarmat, Tarján, Jenő, Kér und Keszi – schlossen einen Blutsvertrag: jeder schnitt sich eine kleine Wunde in seinen Unterarm, und das Blut wurde in einem Gefäß aufgefangen. Dieser Akt symbolisierte, dass sie von da an noch mehr, als früher zusammenhalten. Sie wussten, dass sie wieder nur nach Westen ziehen können, wo sie sich neuen und unbekannten Herausforderungen zu stellen haben. Unter den Steppenvölkern gab es viele, die kampflustig waren, andere eroberten und einschmolzen. Die Magyaren dachten, sie sind viele und stark genug, um ihre Selbständigkeit bewahren zu können. Nach viel Organisierung und Mühe waren die Stämme wieder bereit, mit Hab und Gut wieder nach Westen aufzubrechen. Sie konnten nur hoffen, dass dies ihr letzter Umzug wird.

A magyarok („megyeriek") vándorlásaik során összetartottak a külső ellenségekkel szemben. Viszont a törzsek tagjai általában csak egymás között házasodtak, vezéreiket maguk választották. De amikor Etelközben, azaz a Dnyeper, a Dnyeszter, a Bug és Szeret folyó között éltek, a besenyők – akiket szintén „nyomtak" keletről más törzsek – végül már szinte mindennapos veszélyt jelentettek. A magyar törzsek főnökei úgy döntöttek: a szembefordulás céltalan lenne, hisz nagyon sokan vesznének oda közülük, a maradékot pedig beolvasztanák a besenyők. Ezért a távozás mellett döntöttek.

A hét törzs – Nyék, Megyer, Kürt-Gyarmat, Tarján, Jenő, Kér és Keszi – vezérei tehát vérszerződést kötöttek: mindegyik sebet ejtett a saját alkarján, majd a kicsorduló vért egy közös edénybe gyűjtötték. Ez jelképezte, hogy attól kezdve összefognak – jobban, mint addig.

Tudták, hogy megint csak napnyugat felé fordíthatják lovaik fejét, ahol új és ismeretlen kihívásokkal kell szembenézniük. A sztyeppei népek között sok volt a harcias, a másokat leigázó és beolvasztó. A „megyeriek" pedig úgy érezték, vannak már annyian, és olyan erősek is, hogy megőrizhetik különállóságukat.

Nem kis szervezés és munka árán végre összeálltak a törzsek, minden ingó és ingatlan – elszállításra érdemes – vagyontárgyukkal együtt ismét nekivágtak a napnyugat felé vezető útnak. Csak remélhették, hogy ez lesz végre az utolsó költözés.

The Blood Oath

In the course of their wanderings, the Hungarians (the "megyers") joined forces against their enemies. However, the members of the various tribes usually married amongst each other and chose their own chieftains. However, at the time of their stay in the Etelköz region – the land between the rivers Dnieper, Dniester, Bug and Siret –, the Pechenegs, who were similarly hounded by other tribes in the east, presented an almost constant threat to their existence. The Hungarian chieftains decided that it would be pointless to oppose the attackers, since they would lose many of their men whilst the rest would be assimilated by the Pechenegs. Therefore, they decided to leave the region.

Thus, the leaders of the seven tribes – Nyék, Megyer, Kürt-Gyarmat, Tarján, Jenő, Kér and Keszi – made a blood oath: they all cut a wound on their forearms and gathered the blood in a vessel. This symbolised their alliance, that was now stronger than ever.

They knew they had to head towards the sunset with their horses and that they would have to face new and unknown challenges. There were many fierce people living on

the steppes that subjugated and assimilated other people. The "megyers" felt that their numbers were strong enough for them to preserve their identity. After much organisation and effort, the tribes finally assembled – along with all their property, and goods worth carrying – and headed off west into the sunset. They could only hope that this would be their final move.

A honfoglalás

Valóságos mestermű volt!

Háborús körülmények között kellett a Fekete-tenger mellől kihozni körülbelül 200 ezer embert, akiknek nagyobb része harcképtelen nő, gyerek, öreg és beteg volt. Egy-egy harcosra három védtelen személy jutott. Meg kellett szervezni a törzsek vándorlását úgy, hogy a besenyők ne támadhassanak rájuk útközben, amikor nehéz védekezni. Ki kellett jelölni az útvonalat, és azt végig védelmezni. Nyáron kellett indulni, hogy még betakaríthassák az utolsó termést, de igyekezni, hogy a tél beállta előtt elérjék a „nagy nyugati hegyek" (a Kárpátok) vonulatait és átkelhessenek a hágókon. Az addig sztyeppén, tehát füves síkságon élő magyarok a Kárpátoktól keletre hatalmas és sűrű erdőkkel találták szemben magukat.

Ne higgye senki, hogy a magyarok találomra indultak el, és nem is tudták, hová lyukadnak ki végül! Sok kóborló csapatuk járt erre már évtizedek óta. Jól ismerték a Kárpátmedencét, és tudták, nem kell ott erős törzsektől tartaniuk: különösen a Dunától keletre nincs semmiféle állam, a sztyeppéről ismert alánok, avarok laknak ott kis csoportokban.

A törzsek sikerrel védték meg magukat útközben, és sikerült bevonulniuk az akkor biztonságot jelentő magas hegyek mögé. Nemcsak Vereckénél jöttek, hanem számos hágón megközelítőleg egyszerre. Ezzel a „mogyerek" egész nyugatra szakadt népe új hazát talált – akik pedig annak idején közülük keleten maradtak, lassan elenyésztek, nyomuk veszett.

Die Landnahme

Dies war ein wahres Meisterwerk!

Unter Kriegsumständen mussten etwa 200 Tausend Menschen, zum größten Teil kampfunfähige Frauen, Kinder, Alte und Kranke , vom Schwarzen Meer umgesiedelt werden. Ein Krieger musste drei wehrlose Menschen schützen. Man hatte den Zug der Stämme so zu organisieren, dass sie von den Petschenegen unterwegs, wo sie sich nur schwer verteidigen können, nicht überfallen werden. Die Route musste genau bestimmt und geschützt werden. Erst im Sommer konnte man aufbrechen, weil die letzte Ernte noch eingesammelt werden musste, aber man hatte sich auch zu beeilen, um noch vor Wintereinbruch die Gebirgszüge der Karpaten zu erreichen und die Bergpässe passieren zu können. Die Ungarn, die bis dahin in den Steppen, d.h. in der Graslandschaft gelebt hatten, trafen auf ihrem Weg östlich der Karpaten auf gewaltige und dichte Wälder.

Niemand soll glauben, dass sich die Magyaren ziellos auf den Weg machten und keine Ahnung hatten, wohin sie überhaupt gehen! Ihre Reitertruppen unternahmen schon seit Jahrzehnten Streifzüge in diese Richtung. Sie kannten das Karpatenbecken gut und wussten, dass sie dort keine starken Völker fürchten müssen: besonders östlich der Donau gab es keinen Staat, nur die Alanen und Awaren, die sie von der Steppe kennen, leben dort in kleinen Gruppen. Die Stämme verteidigten sich unterwegs mit Erfolg, und konnten die hohen Berge erreichen, die damals Sicherheit bedeuteten. Sie stießen nicht nur über den Verecke-Pass, sondern wahrscheinlich über mehrere Pässe gleichzeitig vor. Damit gelang es dem Volk der Magyaren eine neue Heimat im Westen zu finden, während der Rest, der im Osten blieb, sich auflöste und verschwand.

The Conquest of the Carpathian Basin

This was a real work of art!

They had to move approximately two hundred thousand people – most of whom were women, children and elderly men unable to fight – from the Black Sea region under war-like conditions. There were three helpless individuals to every warrior. They had to organise the movement of the tribes in a way that prevented the Pechenegs from attacking them on their way when it would've been hard for them to defend themselves. They had to choose the right paths and provide for their defence.

They set off in the summer, allowing them to harvest the final crops, making haste so they would reach the range of the Great Western (Carpathian) Mountains before the winter, and be able to cross the mountainous paths. The Hungarians, who had lived in grassy steppes in the past, were confronted with huge, dense woods on the eastern edges of the Carpathian Mountains.

Make no mistake about it – the Hungarians didn't set off without knowing where they were going! There were a number of advanced groups who wandered through this region for decades. They were familiar with the Carpathian basin and knew that they wouldn't have any fierce tribes to face in the region: there was no nation to the east of the Danube and there were small groups of the Alans and Avars living in the region, whom they knew from the steppes.

The tribes successfully defended themselves on their way and managed to enter the mountains, which provided them with protection. They didn't just cross through the Verecke pass, but rather simultaneously approached the region from a number of directions. Thus, the "mogyers" who moved to the west found a new homeland, whilst the ones who chose to stay in the east slowly wasted away and disappeared.

A letelepedés

Azzal, hogy őseink beözönlöttek a Kárpátok közé, még nem valósult meg az igazi honfoglalás. A törzseknek le kellett települni, legyőzni az esetleges ellenállást, ami biztosan volt, hiszen ki tűri, ha vadidegen fegyveresek rabszolgasorba döntik (mert bizony a magyarok még sokáig rabszolgatartó nép voltak). Az Alföldön lerohantak minden falut, és attól kezdve terményekben fizettettek adót. Ezek a különféle kis létszámú népek idővel beolvadtak a magyarokba.

A honfoglalás évekre elhúzódott, de akadtak területek, ahol talán csak tíz évvel később bukkant fel az első magyar. Mire eljött a 900. év, a magyarok megszállták a Kárpát-medence nagyobb részét, és mivel a frankok királya meghalt, hát elfoglalták a Frank Birodalom legkeletibb tartományát, Pannoniát, azaz a mai Dunántúlt is.

Nem volt üres ez a föld: avarok, bolgárok, morvák, fehérhorvátok stb. lakták, összesen 100–200 ezren lehettek. A szlávok nem menekültek el, erről árulkodnak a máig használt akkori helységnevek. Később a magyarok elfoglalták Erdélyt is, ami nem volt könnyű – persze nem románok éltek ott, hanem más, kis létszámú népek. A románok csak az 1200-as években szivárogtak fel délről a mai Románia területére. Teljesen téves tehát az a felfogás, hogy ők az őslakók, kései dákok, a magyarok meg későn érkezett, mondhatni „jogcím nélküli lakók". Ám ez is szép legenda, mely erősen tartja magát, lám, megérte a huszonegyedik századot is.

Die Niederlassung

Mit dem erfolgreichen Vordringen unserer Vorfahren ins Karpatenbecken war die tatsächliche Landnahme noch nicht vollzogen. Die Stämme mussten sich niederlassen, den eventuellen Widerstand brechen, den es sicher gab, denn wer duldet schon, von Fremden versklavt zu werden (die Ungarn blieben noch lange Sklavenhalter). In der Tiefebene überfielen sie alle Dörfer, und forderten die Steuern in Naturalien. Die kleinen Völker, die hier lebten, vermischten sich langsam mit den Ungarn.

Die Landnahme dauerte lange Jahre, aber es gab Gebiete, auf denen der erste Ungar erst nach einem Jahrzehnt erschien. Bis zum Jahr 900 besetzten die Ungarn den größten Teil des Karpatenbeckens, und nach dem Tod des Frankenkönigs eroberten sie auch Pannonien, die östlichste Mark des Frankenreiches, das heutige Transdanubien.

Das Karpatenbecken war überhaupt nicht menschenleer: Awaren, Bulgaren, Mähren und Weißkroaten lebten hier, die etwa 100-120 000 Menschen zählten. Die Slawen flüchteten nicht, davon zeugen die auch heute noch gebrauchte Ortsnamen. Später besetzten die Magyaren auch Siebenbürgen, was nicht leicht war - damals lebten dort kleinere Völker, nicht die Rumänen. Die Rumänen kamen erst im 13. Jh. aus dem Süden in das Gebiet des heutigen Rumäniens.

Völlig falsch ist also die Ansicht, dass die Urbewohner von Siebenbürgen die Daker sind, und die Ungarn nur eine später angekommene, sozusagen „ohne Rechtstitel" hier lebende Volksgruppe vertreten. Das ist nur ein schönes Märchen, das sich aber bis zum 21. Jh. halten konnte.

Settling

The entry of the ancestors of the Hungarians into the Carpathian basin didn't constitute the actual settling of the region. The tribes had to settle down and deal with any possible resistance, since people were sure to put up a fight if they were forced into slavery (indeed, the Hungarians kept slaves for a long time). They stormed the villages on the Great Plains and made the inhabitants pay taxes in the form of crops. These smaller ethnic groups were gradually assimilated into the Hungarians.

The settling lasted for years, and there were some regions where the first Hungarians only arrived ten years later. By 900 AD, the Hungarians had conquered most of the Carpathian basin and since the kings of the Franks had died, they also stormed the easternmost province of the Franks called Pannonia, the modern-day Transdanubian region.

The land was far from uninhabited: Avars, Bulgarians, Moravians, White Croats, etc. lived in the region, totalling about 100-200 thousand in number. The Slavic tribes didn't flee, which is indicated by the names of communities used to this very day. The Hungarians later conquered Transylvania as well, which was no easy feat – of course, the region wasn't inhabited by Romanians, but rather by a number of smaller ethnic groups. The Romanians only wandered north to the modern-day Romania in the 13th century. This is a mistake to assume that they're the native inhabitants and late Dacian tribes, whilst the Hungarians were "unrighteous settlers". However, this is still a nice legend, demonstrated by the fact that it lasted until the 21st century.

Ménrót, az ősök őse egy napon találkozott egy csodaszép lánnyal, kinek neve Enéh volt. Tőle született két fia, Hunor és Magor. A régi legenda szerint az egyik fivér lett a hunok, a másik a magyarok őse, hisz ők testvérnépek voltak...

A két gyermek szép és erős fiatalemberré serdült, és sokat jártak vadászni. Az egyik alkalommal a két fivér és kíséretük olyan területre tévedt, ahol annak előtte egyikük sem járt még. Már nyugatra indult a nap, és a vitézek azon tanakodtak, ideje lenne visszafordulni, hogy saját patanyomaikat követve hazajussanak még az éj beállta előtt.

Ekkor csodálkozó kiáltás hagyta el ajkukat: csodálatos állat toppant eléjük – egy szarvas. Ilyen szép állatot még sohasem láttak! Hófehér volt a szőre, amely szikrázott a napfényben.

Ágasbogas, hatalmas agancsa volt, szeme gyémántként csillant.

A fenséges vad nem várt tovább, a bokrok közé szökkent, és már csak a csörtetését hallották. Nem kellett ide vezényszó, száz lovas vitéz zúdult a nyomába. Elejteni, egy ilyen zsákmánnyal hazatérni! – ez lebegett a szemük előtt. Az élen Hunor és Magor (vagy Magyar) rohant.

Sokáig üldözték a gyönyörű állatot, amely mindig felbukkant előttük, ha azt hitték, hogy már elvesztették a nyomát. És csodák csodája, hamarosan egy ismeretlen, szép tájra értek. Selymes volt a fű, szelídek a dombok, bővizűek a patakok... Csábította őket a vidék. A csodaszarvast többé nem látták, de lám, új hazát mutatott nekik, ahol letelepedhettek, és bőségben élhettek.

A csodaszarvas legendája

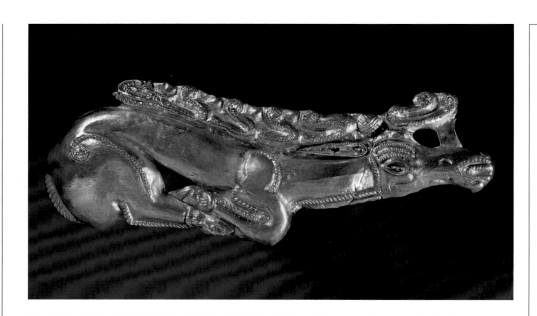

Die Legende über den Wunderhirsch

Eines Tages traf Menrot, der Urahn ein wunderschönes Mädchen, das Eneh hieß. Sie gebar ihm zwei Söhne, Hunor und Magor, von denen der alten Legende nach die Hunnen und die Magyaren abstammen, da diese Brudervölker waren...

Die zwei Kinder wurden zu schönen und starken Männern und gingen oft auf die Jagd. Eines Tages gelangten die zwei Brüder und ihr Gefolge an ein Gebiet, das sie noch nie sahen. Der Abend dämmerte schon, und die Reiter sprachen darüber, dass es höchste Zeit sei, zurückzukehren, so könnten sie noch den Hufenspuren folgen und vor der Nacht nach Hause kommen.

Dann aber schrien sie vor Bewunderung auf, als ein wunderbares Tier – ein Hirsch - vor ihnen auftauchte. Sie hatten so ein schönes Tier noch nie gesehen! Sein Fell, das im Sonnenschein glänzte, war schneeweiß. Es hatte ein verzweigtes Geweih, seine Augen glänzten wie Diamanten. Das prächtige Wild wartete aber nicht, sprang ins Gebüsch und bald war nur seine Geräusche zu hören. Die hundert Reiter brauchten keinen Befehl, sie verfolgten das Tier. Sie konnten nur daran denken, das Wild zu erlegen und mit dieser wunderbaren Beute nach Hause zu kehren. Hunor und Magor (oder Magyar) ritten vorn. Lange verfolgten sie das herrliche Tier, das immer wieder auftauchte, wenn sie glaubten, seine Spur verloren zu haben. Und plötzlich entdeckten sie ein unbekanntes, schönes Gebiet, wo seidiges Gras, milde Hügel und wasserreiche Bäche zu sehen waren. ...Die Landschaft zog sie an. Sie sahen den Wunderhirsch nicht mehr, aber er zeigte ihnen eine neue Heimat, wo sie sich niederlassen und in Reichtum leben konnten.

The Legend of the Miracle Stag

One day, Ménrót, the ancestor of ancestors met a beautiful girl called Enéh. She gave birth to two sons, Hunor and Magor. According to the ancient legend, one became the ancestor of the Huns, whilst the other was the ancestor of the Hungarians, since these people were closely related to one another... The children turned into strong, beautiful young men who often hunted together. Once, the brothers and their followers stumbled across a region they'd never visited before. The sun was already low in the western reaches of the sky and the warriors were considering turning around to follow their trail home before darkness reached them. However, they cried out in amazement when a wonderful creature appeared in front of their eyes – a stag of such beauty they'd never witnessed before!

It had a dazzling, snow-white mane which sparkled in the sun, with a huge pair of twisted antlers over eyes that glowed like diamonds. The noble beast wasted no time and disappeared into the bushes, its noise dying away. No commands were needed, since the riders stormed after the stag at once. All of them thought of the glory of felling such a beast. Hunor and Magor (or Magyar) led the charge. They chased the beautiful creature for many leagues; the stag always appeared ahead of them once they thought they had lost track of it. Lo and behold, they soon found themselves in an unknown, wondrous region. The grass was soft as silk, the hills curved gently around them and the streams were sweet as wine... The men were amazed by the region. The Miracle Stag was never seen again, yet it had led them to a new homeland, where they could settle down and live their lives in plenty.

A fehér ló mondája

Mint minden népnek, a magyaroknak is rengeteg mitikus története maradt fenn a régmúltból. Szükség volt rájuk: az emberek már akkor is igényelték, hogy az égiek valamiképpen megerősítsék tetteiket.

Amikor a magyarok már végleg beköltöztek a Kárpátmedence keleti felébe, Szvatopluk morva fejedelem gyanakodva figyelte őket. Azt a laza államszervezetet, amit az elődei kiépítettek, és ami mélyen benyúlt a Dunántúlra is – ezt a földet nevezték a rómaiak Pannoniának, aztán később a frankoké lett, a történet idejében pedig szlávok lakták – nehéz lett volna megvédenie kevés katonájával. A morva király mégis örült, hallva a „barbár” jövevényekről, hogy lám, lesz kiket földművelésre kényszeríteni, hiszen úgyis gyér a lakosság a morvák földjén.

A magyarok hamarosan ajándékkal kedveskedtek neki. Hófehér lóval érkeztek hozzá, amihez foghatót errefelé még senki sem látott. Csodálatos paripa volt, amely megdobogtatta minden férfiember szívét, hiszen mindenki lovon járt, ők aztán igazán értékelni tudták az ajándékot.

A magyar küldöttség alázatosan viselkedett, még annak is örültek, hogy Szvatopluk egyáltalán méltóztatott elfogadni az ajándékot. A fejedelem óvatlanul megkérdezte, mit adhatna cserébe ezért a pompás állatért.

A magyarok alázatot mímelve sóhajtották: ha kapnának egy kulacs vizet a Dunából, egy maréknyi földet és egy kis füvet, azt nagyon megköszönnék.

Szvatopluknak, de senkinek még az udvarból sem jutott eszébe, hogy csapdát szimatoljon. Nem hittek a jelképek erejében, és erre később ráfizettek. Nagylelkűen odaadták mindazt a küldöttségnek, amely a lovat – és a magyar vezérek üdvözletét – hozta. Teltek a hetek, a hónapok, a magyarok nem jelentkeztek. Néha kósza hírvivők ugyan jelentették, hogy itt is, ott is látták őket, de mindig csak kisebb csoportokban, ami nem keltett gyanút.

Aztán egy napon újabb követség jött a magyaroktól, amely már nem alázatosan viselkedett, hanem röviden közölték Szvatopluk fejedelemmel, hogy le is út, fel is út neki és a morváknak, mert már a magyarok földjén vannak, akik tőle a csodálatos paripáért megvették. Hiszen ő maga adta oda nekik a jelképes földet, vizet és füvet…

Eddig a legenda. De a valóságban sok harc dúlt még akkor arrafelé, több szláv vezérrel és katonával kellett megütközniük a magyaroknak, míg végre sikerült a magukénak tudni a Felvidéket és a Dunántúl északi területeit. Végül is az ősi fortély sikerrel járt, Szvatopluk kénytelen volt feladni ezeket a földeket.

Die Sage vom weißen Ross

Wie alle Völker haben auch die Ungarn viele mythische Geschichten aus alten Zeiten. Diese waren lebensnotwendig: die Menschen wünschten schon damals, in ihren Taten von den überirdischen Kräften bestätigt zu werden.

Als die Ungarn den östlichen Teil des Karpatenbeckens endgültig besetzt hatten, wurden sie von Svatopluk, dem König der Mähren misstrauisch beobachtet. Es wäre schwer gewesen, die lockere Staatsorganisation, die seine Vorfahren ausgebaut hatten, und die auch einen Teil Transdanubiens, der von den Römern als Pannonien bezeichneten, später von den Franken eroberten, und zur Zeit der Geschichte von den Slawen besiedelten Provinz umfasste, mit seinen wenigen Soldaten zu verteidigen. Der mährische König freute sich aber auch über die „barbarischen" Ankömmlinge, denn er glaubte sie zum Ackerbau zwingen zu können, da der mährische Boden ziemlich dünn besiedelt war.

Nach einer Zeit brachten ihm die Ungarn Geschenke. Sie kamen mit einem weißen Ross, ein Prächtigeres hat man in dieser Gegend noch nie gesehen. Es war ein wunderschönes Pferd, das jedem Mann das Herz höher schlagen ließ. Da alle auf Pferden verkehrten, konnten sie dieses Geschenk sehr schätzen.

Die ungarischen Gesandten benahmen sich ergeben, sie freuten sich, als Svatopluk ihr Geschenk annahm. Der Fürst fragte unvorsichtig, was er für dieses prächtige Tier geben könnte. Die Ungarn blieben weiterhin demutsvoll und sagten leise, sie wären sehr dankbar, wenn sie vielleicht eine Flasche Wasser aus der Donau, eine Handvoll Erde und ein wenig Gras bekommen könnten. Svatopluk, aber auch niemand an seinem Hof kam darauf, das dies eine Falle ist. Sie glaubten nicht an die Kraft der Symbole, und das mussten sie später schwer bereuen. Sie gaben den Gesandten, die das Ross und die Grüße der ungarischen Stammesfürsten brachten, großzügig alles, was sie verlangten. Tage und Monate vergingen, aber die Ungarn kamen nicht. Manchmal wurde von Boten gemeldet, dass sie hier und da erschienen, aber nur in kleineren Gruppen, was keinen Verdacht erweckte. Dann eines Tages kamen wieder ungarische Gesandte, die sich nicht mehr demütig verhielten, sondern sie teilten Svatopluk kurz mit, dass er und die Mähren dieses Gebiet, das die Ungarn für das Ross gekauft hatten und nun mal ihnen gehört, zu verlassen haben. Der Fürst selbst hatte ihnen die Erde, das Wasser und das Gras, die symbolische Bedeutung haben, verkauft.

Das erzählt die Legende. In der Wirklichkeit aber mussten die Ungarn noch mit mehreren slawischen Fürsten und Soldaten kämpfen, bis sie endlich Oberungarn und die nördlichen Teile von Transdanubien besetzen konnten. Die alte List brachte Erfolg, Svatopluk musste auf seine Gebiete verzichten.

The Legend of the White Horse

As all other people, the Hungarians also have a host of age-old mythical legends. They were in great need of such tales: the people wanted to see their acts confirmed by the heavenly order.

Once the Hungarians had permanently moved into the eastern half of the Carpathian basin, Svatopluk, the Moravian monarch eyed their moves suspiciously. It would've been a difficult task to defend the loose state built by his ancestors – the land known as Pannonia by the Romans, later taken by the Franks and inhabited by Slavic tribes at the time – with the few soldiers he had. The Moravian king was still pleased when he heard about the "barbaric" newcomers, hoping that he would have someone he could force to farm the lands, since the population was scarce in the Moravian lands.

The Hungarians soon approached him with gifts. They visited him with a snow-white charger, the likes of which had never been seen before in the region. It was a truly amazing stallion, which made the hearts of men race, since everyone knew how to ride a horse at the time and they truly appreciated the gift.

The Hungarian delegation behaved humbly, pleased that Svatopluk was willing to accept their gift at all. The monarch carelessly asked them what he could give them in exchange for this fine beast. The Hungarians sighed with feigned humility: we would be most grateful for a flask of water from the Danube, a handful of dirt and some grass. It never occurred to Svatopluk or any member of his court that this was a trap. They didn't believe in the power of symbols and they were forced to pay the price for this in the future. They generously provided for the delegation that had brought the horse and sent good wishes to the Hungarian chieftains. Weeks and months went by, but there was no sign of the Hungarians. Although there were occasional sightings, they were always seen in small groups, which didn't arouse suspicion. One day, however, another delegation was sent from the Hungarians, which instead of acting humbly, briefly told Svatopluk that the time of the Moravians was up, since they were now living on the lands of the Hungarians, who had bought the land from him with the wonderful charger. He had given them the symbolic soil, water and grass himself…

Thus ends the legend. However, in reality, a number of bloody skirmishes were fought in the region and the Hungarians had to overcome a host of Slavic leaders and soldiers before they could conquer the lands of Upper Hungary and the northern stretches of the Transdanubian region. In the end, their ancient practices were successful and Svatopluk was forced to relinquish his rule on the land.

A turul

Minden természeti népnek, amely előbb hordákban, aztán nagyobb egységekben: nemzetségekben és törzsekben élt, szinte kötelező volt egy olyan jelvény (jelkép) használata, amely azon a környéken csak rájuk volt jellemző.

Természetesen igyekeztek büszke, erőt sugárzó, mások által félelmetesnek tartott állatokat totemként választani. A sztyeppén nem éltek oroszlánok, tigrisek és veszedelmes ragadozók. A „mogyeriek" a tekintetüket tehát az égre vetették, és kiválasztották a szabadság madarát. Azt, amelyik más madarakra vadászik, amelytől félnek az ellenfelek, de amely senkitől sem fél odafent, mely a végtelen levegőtenger – és ezáltal a sztyeppe! – ura. Ragadozó, büszke és veszélyes, amellett gyönyörű...

Hogy ez melyik madár volt, nem tudjuk pontosan. Amit őseink „turulnak" neveztek, a legtöbb mai vélemény szerint a vándorsólyom, esetleg a kerecsensólyom lehetett, vagy valamilyen sasféle (ezekből elég sok volt és van ma is). Ez lett aztán az ősmagyarok jelvénye. A félelmetes madár kőbe faragva, fémbe öntve ma is megjelenik számos emlékművön. A huszadik század magyar történelmében ugyan egy, a nyilasok eszmevilágát valló korai szövetség már Turul néven szervezkedett, de úgy hisszük, hogy ennek az ősi magyar totemnek, őseink jelvényének ezzel aligha árthatott. A turul, a sztyeppék madara fölötte áll a politikai harcoknak, képzeletünkben továbbra is büszkén szeli a levegőt, ahogyan egykoron őseinknek mutatta a szabadság felé vezető utat.

The Turul

All natural people who live first in hordes and then in larger units – clans and tribes – had an emblem (symbol), which was unique to them. Naturally, they tried to choose animals that were proud and powerful and that seemed fearsome to others. There were no lions, tigers or vicious predators on the steppes, thus the "mogyers" looked to the heavens and chose the bird of freedom – one which hunts after other birds and is feared by its foes, but which itself fears no one in the oceans of the sky, and thus on the steppes as well! A predatory, proud, dangerous, and yet beautiful creature...

We can't know for sure which bird this was. The species called "Turul" by the Hungarian ancestors is thought to be the peregrine or saker falcon, or some other eagle (of which are there a number of other species). This became the symbol of the ancient Hungarians. This fearsome bird appears on a number of monuments in metal or stone form. Although there was a pro-Nazi organisation in twentieth century Hungarian history that used the name of the Turul, it's safe to say that this hardly tarnished the significance of this ancient Hungarian totem and symbol. The Turul, the bird of the steppes, is above all political turmoil and is still imagined to be flying high, just like when it led the ancient Hungarians to freedom in the past.

Der Turulvogel

Alle Naturvölker, die zuerst in Horden, dann in größeren Einheiten, in Sippen und Stämmen lebten, mussten ein Symbol besitzen, das in der Gegend nur für sie typisch war. Natürlich wählten sie ein stolzes und starkes Totemtier, das die anderen fürchteten. In der Steppe lebten keine Löwen, Tiger und anderen gefährlichen Raubtiere. Die Magyaren richteten ihren Blick nach oben, und wählten den Vogel der Freiheit aus. Ihre Wahl fiel auf einen Vogel, der andere Vögel jagt, vor dem die Feinde Angst haben, der sich aber oben vor nichts fürchtet, und Herr der unendlichen Luft und dadurch der Steppe ist. Ein Raubtier, stolz und gefährlich, trotzdem herrlich..

Welcher Vogel es war, wissen wir nicht genau. Was unsere Ahnen Turul nannten, war höchstwahrscheinlich der Wanderfalke oder der Sakerfalke oder irgendein Adlertyp (davon gab es und gibt es auch heute noch viele). Das wurde dann das Symbol der Ungarn. Dieser furchterregende Vogel erscheint gemeißelt und als Metallguss auf vielen Denkmälern. Im 20. Jh. trug eine frühe Gruppierung der Pfeilkreuzler auch den Namen Turul, wir glauben aber, dass dies diesem uralten ungarischen Totem, dem Symbol unserer Vorfahren nicht schaden konnte. Der Turul, der Vogel der Steppen steht über den politischen Kämpfen, fliegt in unserer Vorstellung stolz in der Luft, so wie er einst unseren Ahnen den Weg in die Freiheit gezeigt hat.

Ennek a legendának legalább három változata él…

A „táltosok átka" azt állítja, hogy Szent István király idejében hangzott el a turáni átok. Királyunk államvallássá tette, és tűzzel-vassal terjesztette saját népe között a kereszténységet, halálra ítélve az ősi magyar hitvilágot. A sámánok akkor megátkozták a keresztény magyarokat: soha ne legyen köztetek egyetértés! Az átkot 1000 évre mondták ki.

Más források úgy tudják, hogy a sámánok haragja elsősorban a római katolikus egyház ellen irányult. És mivel az állam és az egyház szétválasztása megtörtént, már meg kellett volna szűnnie az átok hatásának. Ezt egyelőre nem látjuk, a széthúzás most mindennél erősebb.

A turáni átok

A második változat szerint a táltosok az átkot még a honfoglalás előtt, valahol a sztyeppéken mondták ki, igaz, saját magukra és utódaikra, amiért egy szent jóslatot elhallgattak a magyar nép előtt. Ez lett volna a „turáni" átok, mert Irántól északra, az Aral-tó környékén, a Turánnak nevezett vidéken hangzott el.

A harmadik változat ismét Szent Istvánhoz vezet. Állítólag azért mondatott ki az átok, mert István volt az első széthúzó. Ahelyett, hogy az ősi magyar törvényeket követve átengedte volna a hatalmat Koppánynak – hiszen jog szerint neki járt Géza fejedelem halála után –, István megtörte a hagyományt, megkaparintotta a hatalmat, sőt végzett Koppánnyal is. Azóta él az átok: „Legyen széthúzás a magyarok között, mígnem valaki helyrehozza a réges-régi hibát." Miként lehetne helyrehozni? Nem tudjuk.

Der Turaner Fluch

Diese Legende ist in mindestens drei Varianten bekannt.

„Der Fluch der Táltos" (sprich: Taltosch = Magier) behauptet, dass dieser Fluch zur Zeit des Heiligen Stephans ausgesprochen wurde. Unser erster König machte das Christentum zur Staatsreligion, verbreitete es mit Gewalt unter seinem Volk, und verurteilte damit die uralte ungarische Glaubenswelt zu Tode. Die Schamanen sprachen dann einen Fluch gegen die christlichen Ungarn aus: Nie sollte unter ihnen Einigkeit herrschen! Der Fluch sollte 1000 Jahre lang wirken.

In anderen Quellen wird es so dargestellt, dass sich die Wut der Schamanen nur gegen die römisch-katholische Kirche richtete, und da die Trennung von Staat und Kirche schon verwirklicht wurde, sollte die Wirkung des Fluchs schon vorbei sein. Dies ist aber nicht fühlbar, die Zwietracht ist stärker, als je zuvor.

In der zweiten Variante wurde der Fluch von den ungarischen Schamanen (Táltos) noch vor der Landnahme irgendwo in den Steppen gegen sich selbst und gegen ihre Nachfahren ausgesprochen, weil sie dem ungarischen Volk eine Wahrsagung verschwiegen hatten. Das sollte der Turaner Fluch sein, denn der Ort, wo der Fluch ausgesprochen wurde, heißt Turan, und liegt nördlich des Irans am Aralsee.

In der dritten Variante geht es wieder um den Heiligen Stephan. Angeblich wurde der Fluch ausgesprochen, weil Stephan der Heilige der erste Streitstifter war. Anstatt die alten ungarischen Gesetze zu befolgen und Koppány die Macht zu überlassen, da er der rechtmäßige Nachfolger des Großfürsten Géza war, brach Stephan die Tradition, riss die Macht an sich und ließ Koppány sogar töten. Seitdem gilt der Fluch: "Zwietracht soll unter den Ungarn herrschen, bis jemand den alten Fehler korrigiert." Wie doch kann man diesen Fehler korrigieren? Wir wissen es nicht.

The Curse of Turan

There are three known versions of this legend… According to the "curse of the Tál-tos", the Curse of Turan dates from the time of King Saint Stephen. King Stephen made Christianity into the state religion, spreading it amongst his people with force, sentencing the ancient Hungarian beliefs to oblivion. This led the shamans to curse the Christian Hungarians: May you never live in agreement! The curse was made 1000 years ago. According to other sources, the wrath of the shamans was mainly directed against the Roman Catholic Church. Since the state and the church have been separated since then, the effect of the curse should've ended by now. However, this isn't what we see around us, since the discord is now stronger than ever before. According to the second version, the Táltos voiced the cursed before the Conquest of the Carpathian basin in the steppes – directing it at themselves and their descend-ants, for not sharing a holy prophecy with the Hungarian people. This was supposed to be the curse of "Turan", since it was made in a region called Turan, located north of Iran, in the region of the Aral Sea. The third version is yet again tied to King Saint Stephen. Supposedly, the reason why he was cursed was because the king was the first person to bring discord amongst the Hungarians. Instead of relinquishing his rule to Koppány, according to ancient Hungarian laws – since he had the right to be king following the death of King Géza –, István broke the tradition and took the throne, and in fact murdered Koppány as well. The curse has been in effect ever since: "Let there be discord amongst the Hungarians, until someone makes up for this ancient mistake". How could someone make amends for this? We have no idea.

A hun király sírja

Attila a hunok legnagyobb királya volt, aki világbirodalmat épített ki. Ázsia nyugati határaitól Európa közepéig ért a hatalmas ország, ahol száz és száz különféle nép élt. Attila sokat csatázott a – keleti és nyugati – római birodalommal, és más erős népekkel is. A hunok szerették és félték őt. Becsülték benne azt is, hogy a hatalom nem szállt a fejébe. Bár mérhetetlen mennyiségű aranyat és más kincseket zsákmányolt mindenfelé, ezekből keveset tartott meg magának. Egész életében, bármerre járt is, fatányérból evett, fakupából ivott. Míg vezérei, főemberei tömérdek aranyat viseltek testükön, „a királyok királya", „Isten ostora" dísztelen, csontgombos ruhákban járt. Még a lova is egyszerű nyerget hordott a hátán.

Ám amikor meghalt, az ősi szokás győzedelmeskedett.

Egy ekkora birodalom uralkodóját nem temethettek el sok ezer aranytárgy nélkül, amelyek a hunok hite szerint a túlvilágon szolgálják majd őt. De mit tegyenek, hogy a fosztogatók ki ne rabolhassák a királysírt? Nem tudjuk ma már, ki találta ki a megoldást. Attilát úgy temették el, ahogyan sem előtte, sem utána egyetlen más királyt sem: a víz alá!

A hagyomány szerint Attila a Tisza közelében halt meg, valahol a mai Magyarország területén. A fővezérek a legnagyobb titokban több száz rabszolgát küldtek ki a Tisza egyik kanyarulatához, akik a parton rengeteg földet ástak ki, azt kövekkel együtt belehordták a folyóba, így építve egy gátat, amely ideiglenesen elterelte a vizet az egyik mellékágból. Amikor a meder megjelent a szemük előtt, Attila testét színarany koporsóba tették, azt egy nagyobb ezüstkoporsóba, és végül a holttest a kettős koporsóval együtt egy vaskoporsóba került. Az eltemetésre szánt kincsekkel együtt a koporsókat éjnek idején szállították a folyópartra, szintén a rabszolgákkal. Szépen elrendeztek mindent az iszapos mederben, aztán elhordták a gátat, és a folyó vize ismét beszabadult a régi helyére. A koporsó és a kincsek eltűntek a víz alatt. Amikor pedig a rabszolgák csapata visszafelé tartott a táborba, a lesben álló hun íjászok mind egy szálig lelövöldözték őket. Senki sem maradt életben. Hogy Attilát hová temették, csak néhány vezére és fia tudta, de nekik nem állt érdekükben megbolygatni a sírt. Aztán meghaltak ők is, kihalt mindenki, aki sejtette, mi történt.

A Tisza pedig, a „legmagyarabb folyó" azóta is ide-oda kanyargott, néhol új medret vájt magának, majd a 19. században szabályozták, sok mellékága örökre eltűnt. Így aztán Attila hármas koporsója a mérhetetlen kinccsel együtt valahol a föld mélyén fekszik még ma is, megtalálhatatlanul.

Das Grab des Hunnenkönigs

Attila war der größte König der Hunnen, der ein Weltreich gründete. Sein Reich, in dem viele Hunderte verschiedene Völker lebten, erstreckte sich von den westlichen Grenzen Asiens bis Mitte Europa. Attila führte viele Kriege gegen das Oströmische und Weströmische Reich, sowie gegen andere starke Völker. Er wurde von den Hunnen geliebt und gefürchtet. Man schätzte, dass ihm die Macht nicht zu Kopfe stieg. Er erbeutete zwar riesige Menge Gold und Schätze, aber behielt nur wenig davon. In seinem ganzen Leben aß er immer von Holztellern und trank aus einem Holzpokal. Während seine Heerführer und sein Gefolge viel Gold an ihrem Körper trugen, hatte „der König der Könige", „die Geißel Gottes" immer prunklose Kleider mit Knochenknöpfen an. Sein Pferd hatte auch nur einen einfachen Sattel. Als er aber starb, siegte die alte Tradition. So ein mächtiger Herrscher

durfte doch ohne Tausende von Goldgegenständen, die ihm nach dem Glauben der Hunnen im Jenseits dienen würden, nicht bestattet werden. Aber wie hätte man verhindern können, dass das königliche Grab von den Räubern ausgeraubt wird. Wir wissen heute nicht mehr, wer die Lösung gefunden hat. Attila wurde so begraben, wie früher und nachher kein Herrscher: unter dem Wasser!

Der Tradition nach ist Attila in der Nähe der Theiß, auf dem Gebiet Ungarns gestorben. Seine Heerführer schickten heimlich mehrere Hunderte Sklaven an die Theiß, die am Ufer viel Erde ausgruben, den Graben mit Steinen füllten, und damit einen Damm bauten, der das Wasser aus einem Nebenzweig des Flusses für eine Zeit umleitete. Als das Flussbett sichtbar wurde, wurde der Körper von Attila zuerst in einen goldenen Sarg gelegt, der dann in einen silbernen und schließlich in einen eisernen Sarg kam. Die Särge und der Schatz wurden in der Nacht von den Sklaven an das Flussufer gebracht. Attila wurde im Flussbett begraben, dann wurde der Damm abgebaut und dass Wasser überschwemmte das Grab. Der Sarg und der Schatz verschwanden unter dem Wasser. Als die Sklaven zurück in ihr Lager gingen, wurden sie alle von hunnischen Bogenschützen getötet. Niemand blieb am Leben. Nur einige Heerführer und die Söhne von Attila wussten, wo Attila begraben wurde, aber sie waren nicht daran interessiert, das Grab aufzuwühlen. Dann starben sie, und keiner blieb, der nur ahnen hätte können, was passierte.

Die Theiß, der „ungarischste Fluss" schlängelte sich weiter, grub sich an manchen Stellen ein neues Flussbett, wurde im 19. Jh. reguliert, und viele ihrer Nebenzweige verschwanden für immer. Der dreifache Sarg von Attila liegt mit dem Schatz irgendwo unter der Erde unkenntlich, damit ihn niemand findet.

The Grave of the Hunnish King

Attila was the greatest king of the Huns, establishing a world empire. His huge country ranged from the western borders of Asia to central Europe, where hundreds of different ethnic groups lived side by side. Attila fought many battles with both the western and eastern Roman empire and a number of other powerful nations. The Huns loved and feared him. They also appreciated the fact that he didn't let his power go to his head. Although he accumulated vast amounts of gold and treasure, he only kept a small amount for himself. No matter where he went, he always drank from a wooden jug and ate from a wooden plate. Whilst his leaders and chieftains were covered in gold, the "Kings of Kings" and the "Scourge of God" wore unadorned, plain clothes. Even his horse had a simple saddle on its back. However, in death, he became a true victor, according to ancient customs. The ruler of such a huge empire had to be buried with thousands of golden pieces of treasure, which the Huns believed would serve him in his afterlife. Yet what could they do to prevent thieves from looting his tomb? We can't know for sure who came up with the solution, but they buried him like no one had ever been buried before: under water!

According to legend, Attila died near the River Tisza somewhere in Hungary. In the greatest secrecy, the chieftains sent hundreds of slaves to one of the bends in the river, forcing them to move great amounts of earth, carrying it over with rocks into the river, thus building a dam, which would temporarily re-direct the water from one of the branches of the river. When they finally reached the riverbed, they laid Attila's body in a golden coffin, which they placed in a silver casket and then laid both in a metal coffin. They made the slaves bring the coffins and the burial treasure to the banks of the river in the middle of the night.

They arranged everything in the muddy riverbed and then removed the dam, allowing the waters to flow back to their original channel. The coffin and the treasures disappeared beneath the water. When the slaves headed back to camp, the Hun archers ambushed them and released volleys of arrows at them – none were left standing. Only a few of Attila's chieftains and sons knew where his coffin lay, but they had no intentions of disturbing his peace. Gradually, everyone who knew what had happened passed away. The River Tisza, the "river of the Hungarians" keeps swaying to and fro to this very day, sometimes creating a new riverbed for its flow, which was regulated in the 19th century, and thus a number of its branches disappeared forever. Therefore, Attila's great coffin and treasures still lie beneath the ground, undisturbed.

Botond, der Held.

Zu Zeiten der räuberischen Streifzüge (ungarisch: kalandozások) erwarben sich die Ungarn einen fürchterlichen Ruf. Sie beritten weite Gebiete, vor allem im Westen. Wo sie erschienen, zerstörten sie alles, was wertvoll war. Sie gelangten sogar an die Küste des Atlantischen Ozeans, durchstreiften ganz Italien, sowie die heutigen spanischen, französischen und deutschen Territorien. Alle hatten vor ihnen schreckliche Angst.

Auf Lateinisch und in vielen Nationalsprachen entstand ein Gebet, das in Westeuropa jahrhundertelang gesprochen wurde: „Vor den Pfeilen der Magyaren beschütze uns, oh Herr!" Das zeugt auch davon, dass der verhältnismäßige Frieden in den neu entstandenen feudalen Gesellschaften nur durch die unerwarteten und erschreckenden Ereignisse, wie die Einfälle der Magyaren, gefährdet wurde.

Später aber erholten sich ihre Gegner und besiegten sie mehrmals, woraus die Ungarn den Schluss zogen, dass sie ihre Raubzüge in einer anderen Richtung fortsetzen mussten. Sie brachen also nach Byzanz (heute Istanbul) auf. Damals verlief die Grenze zum Byzantinischen Reich, d.h. zum Oströmischen Reich bereits an der unteren Donau, fast der ganze Balkan gehörte dazu. Ein starkes ungarisches Heer überfiel und plünderte dieses Gebiet, und erreichte die Mauern von Byzanz. Die Stadtbewohner versteckten sich hinter den hohen Stadtmauern, schickten aber Boten zu den Ungarn. Sie empfohlen ihnen, dass je ein Soldat aus den beiden Heeren kämpfen soll, um ein Blutbad zu vermeiden. Falls ein ungarische Kämpfer den Byzantiner besiegen sollte, zahlt der Kaiser den Ungarn Tribut. Wenn aber der griechische Krieger den Zweikampf gewinnt, dann ziehen die Ungarn sofort ab, und kommen nie wieder zurück.

Botond, az erős

A kalandozások, azaz rablóhadjáratok idején a magyarok félelmetes hírnévre tettek szert. Eljutottak mindenfelé, főleg nyugaton. Ahol csak megjelentek, letaroltak mindent, aminek értéke volt. Még az Atlanti-óceán partjára is eljutottak, kóboroltak egész Itáliában, a mai spanyol, francia és német földeken. Mindenki rettegett tőlük.

Biztosan nem véletlenül keletkezett egy ima, amit latinul és nemzeti nyelveken századokon át mondtak szerte Nyugat-Európában. „A magyarok nyilaitól ments meg minket, Uram." Ez is jelzi, hogy a formálódó feudális társadalmakban a királyságok nyújtotta viszonylagos békét akkoriban már csak a magyarok betöréseihez hasonló, váratlan, egyben ijesztő események törhették meg.

De aztán az ellenfelek összeszedték magukat, és néhányszor jól elverték a magyarokat, akik ebből azt a következtetést vonták le, hogy akkor most egy ideig másfelé kell kalandozni – és elindultak Bizánc, azaz a mai Isztambul felé. Akkoriban a bizánci birodalom, azaz a keletrómai császárság már itt az Al-Dunánál kezdődött, majdnem az egész Balkán odatartozott. Egy erős magyar sereg betört oda, végigpusztította a területet, és elérte a görög Bizánc falait is.

A város lakói a magas falak mögé zárkóztak, de küldöttséget menesztettek a magyarok elé. Azt ajánlották, hogy a nagy vérontás helyett egy-egy vitéz küzdjön meg a két seregből.

Ha a magyar vitéz legyőzné a bizáncit, a császár minden évben, örök időkig adót fog fizetni a magyaroknak. Ám ha a bizánci birkózó nyeri a viadalt, akkor a magyarok azonnal eltakarodnak a város alól, egyenesen hazavonulnak, és soha többé nem lépnek bizánci földre!

A magyar vezérek beleegyeztek. Ekkor kinyílt a város kapuja, és egy hatalmas termetű, félmeztelen görög harcos lépett ki. Magasabb és erősebb volt bármelyik magyarnál! Elhűlve nézték. Kit állítsanak ki egy ilyen óriás ellen? Aki ráadásul a mellét döngetve hergelte önmagát, és a tolmácsok szerint a magyarokat gúnyolta. A várfalakon álló görögök biztatták harcosukat. Ekkor kipattant a magyarok közül Botond.

Die Ungarn ließen sich darauf ein. Das Stadttor wurde geöffnet und ein halbnackter griechischer Krieger von großer Gestalt erschien. Er war größer und stärker, als alle Ungarn, die sich ihn verblüfft ansahen. Wer soll gegen diesen Riesen kämpfen, der gegen die Ungarn hetzte, indem er sich auf die Brust schlug, und sie nach der Übersetzung der Dolmetscher verspottete? Die Griechen an den Stadtmauern feuerten ihren Krieger an.

Dann meldete sich Botond, der klein aber sehr stark war. Als ihn der Grieche erblickte, brach er in Lachen aus. Botond schwang seinen Streitkolben, warf ihn weg und zerschlug das nächste Stadttor, das aus Erz gebaut war. Die Stadtbewohner auf den Mauern wurden still, aber der Grieche blieb weiterhin selbstsicher. Die zwei Krieger begannen zu kämpfen. Der kleine Ungar, der dem Griechen kaum bis zur Schulter reichte, fasste ihn am Bauch, warf ihn zu Boden, und der Riese war sofort tot!

Der byzantinische Kaiser aber hielt sein Wort nicht, und zahlte keinen Tribut an die Ungarn. Da das ungarische Heer Byzanz nicht einnehmen konnte, zerstörte es die Gegend, plünderte das Kaiserreich und kehrte mit großer Beute nach Hause. Botond wurde als wahrer Held gefeiert und mit vielen Schätzen belohnt.

Ugyan kistermetű harcos volt, de nagyon erős. Ám amikor a görög óriás meglátta, elnevette magát. Botond meglengette buzogányát és elhajította – az pedig betörte a legközelebbi várkaput, pedig ércből öntötték. Ekkor elcsendesültek a görögök a falakon, ám harcosuk továbbra is nagyon bízott magában. Összecsaptak, és a magyar, bár alig ért ellenfele válláig, elkapta a görög derekát, és valami csellel úgy földhöz vágta, hogy csak nyekkent, és máris kilehelte a lelkét!

Ám a görög császár nem tartotta meg a szavát, nem fizetett adót a magyaroknak. Ezért aztán a kalandozó had, mivelhogy Bizáncot ostrommal bevenni nem tudta, letarolta a környező vidéket, a császárságot kifosztotta, és hatalmas zsákmánnyal tért haza. Botondot, mint egy igazi hőst ünnepelték – és a hadjáraton szerzett kincsekből bőven megjutalmazták.

The Mighty Botond

At the time of their forays into Europe, the Hungarians had a fearsome reputation. They wandered everywhere in the west. Wherever they went, they destroyed everything they encountered. They even reached the banks of the Atlantic Ocean, wandered throughout Italy as well as through the lands of the modern-day Spain, France and Germany. Everyone trembled in fear from their advances.

There was surely a reason why a prayer, written in Latin and other languages, spread throughout Western Europe: "Oh Lord, save us from the arrows of the Hungarians!" This shows that the relative peace established in feudal societies were disturbed by sudden, terrifying events, like the forays of the Hungarians. However, the Europeans rallied their forces and routed the Hungarians, who thus decided to continue their advances in a different direction, heading towards Byzantium, the modern-day Istanbul. At the time, the Byzantine Empire, or the Eastern Roman Empire, stretched from the lower Transdanubian regions throughout the entire Balkan region. The powerful Hungarian hordes entered the region and reached the walls of Byzantium. The inhabitants of the city cowered behind the high walls, yet sent a delegacy to the Hungarians. Their offer was that instead of spreading further bloodshed, a warrior from both armies should vie with each other in combat. If the Hungarian warrior defeated his Byzantine foe, the empire would pay tributaries to the Hungarians until the end of time. However, if the Byzantine wrestler should win, the Hungarians would leave the city and head home, never to set foot in Byzantine lands again!

The Hungarian leaders accepted the offer. The city's gates opened and a fearsome, half-naked Greek warrior appeared from the opening. He was taller and stronger than any of the Hungarians! They stared at him in awe – who could they send against such a giant of a man? The warrior pounded his chest and according to the interpreters, was mocking the Hungarians. The Greeks encouraged their champion from the battlements. Botond stepped out from the ring of the Hungarians at this point. Although he was small in size, he was a powerful man. The Greeks laughed when they saw him. Botond swung his mace and released it – smashing the nearest castle door, even though it was made of steel.

The Greeks on the walls fell silent, even though their champion was still full of confidence. They grappled and battled with each other and although Botond was barely as tall as his enemy's shoulder, he grabbed hold of his foe's waist with a trick and slammed him to the ground, and he died on the spot! However, the Greek empire went back on its word, and paid no tributaries to the Hungarians. Since the Hungarians couldn't take Byzantium by siege, they raized the surroundings, pillaged the empire and went home with a huge amount of treasure. Botond was celebrated as a real hero and rewarded plentifully with the treasure from the campaign.

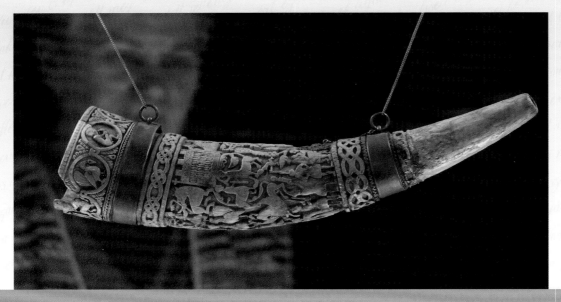

Lehel kürtje

Lehel's Horn

The Hungarians wandered near and far, but after pillaging the lands for over half a century, the western people familiarised their tactics. The Franks, Bavarians, Swabians and others joined forces against them. The Hungarians ran afoul of them during their next attack. Since the Germans already knew how they fought, they successfully lured the Hungarian forces into a trap. Their victory was assisted by the fact that the River Lech flooded, blocking the path of the fleeing Hungarians, many of whom drowned because they couldn't swim. The commanders of the beaten army, Lehel and Bulcsú, shamefully left their soldiers and fled on a boat down the River Danube. However, they didn't get far, since their pursuers caught up with them and took them to the German Emperor.

The German Emperor triumphantly told Lehel and Bulcsú that he was going to execute them. All they had was one final wish. Lehel asked to blow his battle horn one last time… The Germans brought him the ivory horn they had captured along with him. Lehel grabbed the horn and pretended to lift it to his lips to blow it. The emperor and his entourage watched to see what he was about to do. However, Lehel quickly strode over to the emperor and smashed the monarch's forehead with fearsome strength. He even voiced his beliefs: "You'll be the first to visit the other world, where you'll be my slave!" Lehel then waited for his death in peace.

A magyarok sokfelé kalandoztak, de amikor már több mint fél évszázada évről évre megjelentek és raboltak-dúltak, idővel a nyugatiak kiismerték a taktikájukat. Frankok, bajorok, svábok és mások fogtak össze ellenük. A legközelebbi kaland idején aztán a magyarok rajtavesztettek. Mivel a németek már tudták, hogyan harcolnak, hát sikeresen csapdába csalták a magyar sereget. A győzelemhez hozzásegítette őket az is, hogy megáradt a Lech folyó, és elzárta a bajból menekülő magyarok útját. Őseink közül nagyon sokan fulladtak bele a folyóba, hiszen általában nem tudtak úszni.

A vert sereg két vezére, Lehel és Bulcsú szégyenszemre otthagyta katonái javát, és egy hajón menekültek lefelé a Dunán. De nem jutottak messzire, elfogták őket az üldözők, és a német császár elé vitték.

Lehel és Bulcsú ott állt a német császár előtt, aki diadalmasan közölte is velük, hogy kivégezteti őket. Már csak egy utolsó kívánságuk maradt az elítélteknek. Lehel azt kérte: még utoljára hadd fújja meg kedvenc harci kürtjét…

A német katonák odahozták a zsákmányolt elefántcsont kürtöt. Lehel megragadta, és úgy tett, mintha a szájához emelné, hogy megfújja. A császár és kísérete érdeklődve figyelte, mi fog történni. De ekkor Lehel két villámgyors lépéssel a császár előtt termett, és iszonyatos erővel homlokon csapta az uralkodót. Még ki is mondta, mit hisznek erről a magyarok:

– Előttem mégy a másvilágra, ahol a szolgám leszel!

Lehel ezután már nyugodtan fogadta a halált.

Das Horn von Lehel

Die Ungarn unternahmen viele Streifzüge, aber nach einem halben Jahrhundert Plünderung kannten die Menschen in den westlichen Ländern schon ihre Taktik. Die Franken, Bayern und Schwaben schlossen sich zusammen, um die Magyaren zu besiegen. Da sie sich in der Kampfmethode der Ungarn schon gut auskannten, wurde das ungarische Heer im nächsten Streifzug in eine Falle gelockt. Zum Sieg trug auch die Überschwemmung des Flusses Lech bei, der den Weg der fliehenden Ungarn versperrte. Viele ertranken, weil sie im Allgemeinen nicht schwimmen konnten. Lehel und Bulcsú, zwei Heeresführer der geschlagenen Truppen ließen ihre meisten Männer schmachvoll zurück, und flohen mit einem Schiff die Donau abwärts. Sie kamen aber nicht weit, sie wurden gefangengenommen und vor den Kaiser gebracht. Lehel und

Bulcsú standen vor dem Kaiser, der ihnen triumphierend mittelte, dass er sie hinrichten lässt. Die Verurteilten durften noch einen letzten Wunsch äußern. Lehel wünschte sich, sein Kampfhorn noch ein letztes Mal blasen zu dürfen.

Die deutschen Soldaten gaben ihm das Elfenbeinhorn, das er ergriff und so tat, als würde er es zum Blasen an den Mund heben. Der Kaiser und sein Gefolge beobachteten aufmerksam, was geschehen wird. Lehel aber trat mit zwei blitzschnellen Schritten vor den Kaiser und erschlug ihn mit gewaltiger Kraft, während er folgendes sagte:

Du wirst mir vorangehen und mir im Jenseits dienen!

Danach empfing Lehel den Tod schon ruhig.

„A haza becsülete"

"The honor of the homeland" – „Des Vaterlandes Ehre"

The Tricolour Flag

It's hard to believe that the three Hungarian colours aren't so ancient at all. In the past, the colours of the reigning royal family were the colours of the country itself. Later on, the zealous Hungarian armies marched under the banner of the Virgin Mary – for example on the field of Mohács before they met their tragic end… They didn't have a tricolor flag during the Rákóczi war for independence either – one of the flags from the time was a red and white flag with the Rákóczi coat of arms, whilst the other was a simple banner with a green field and the inscription in Latin: "For Freedom".

The three colours were only connected at a later stage, when the countries followed the suit of the French and began to use so-called "national colours" and national flags. The three-colour flags are called "tricolours".

However, the Habsburgs ruled the country at the time and thus the Hungarians lived under the black and gold banner of the Austrian monarchs. However, from 1848, the tricolour flag became an accepted symbol supported by the law. Actually the first red-white-and-green flags are from the military flags of 1848. Later on, a number of differing explanations were given about why these three colours were chosen by the Hungarian ancestors and what they actually mean. The national colours have become a part of the Hungarian national identity, automatically making Hungarians search for their red-white-and green flag whenever they see a great number of national flags together, since it belongs to the Hungarians, symbolising all the citizens of the country.

A piros-fehér-zöld zászló

Nem könnyű elhinni, de a nagyon magyarnak tartott három szín, mint zászló, nem is olyan régtől való. Régebben a mindenkori királyi család színei jelentették az országét is. Később gyakran vallási hevületben a magyar seregek Szűz Máriá-s lobogó alatt vonultak csatába – például a mohácsi síkon a tragikus vég előtt... A Rákóczi-szabadságharc zászlaja sem háromszínű volt – az egyik fennmaradt zászló vörös-fehér alapon a Rákóczi-címert hirdette, a másik meg egyszerűen zöld volt latin felirattal: „A szabadságért". A három szín összekapcsolására csak később került sor, amikor francia mintára az országok kezdtek úgynevezett „nemzeti színeket" és nemzeti lobogót készíteni. A háromszínűeket „trikolórnak" nevezik.

De nálunk Habsburg-uralom volt, vagyis az akkori magyarok az osztrák uralkodócsalád fekete-sárga zászlója alatt éltek. Ám 1848-tól az elfogadott, sőt törvénybe iktatott jelkép a trikolór lett. Igazából talán az 1848-as hadilobogók között találjuk meg az első, máig fennmaradt piros-fehér-zöld zászlót. Később aztán különböző magyarázatok születtek arról, hogy miért éppen ezt a három színt választották őseink, és melyik mit is jelent.

Tény, hogy nemzeti színeink teljesen hozzánőttek a nemzeti tudathoz, önérzethez. Ha valahol sok különböző zászlót látunk lobogni, a szemünk automatikusan keresni kezdi a piros-fehér-zöldet, mert tudjuk, hogy hozzánk tartozik, a miénk, az ország minden polgárát, azaz minket jelképez.

Die rot-weiß-grüne Flagge

Es ist schwer zu glauben, aber die drei ungarischen Nationalfarben auf der Flagge sind erst vor kurzem erschienen. Früher waren die Farben des Landes die Farben der jeweiligen Königsfamilie. Später zogen die ungarischen Truppen in ihrem religiösen Eifer oft unter einer Flagge in die Schlacht, auf der die Jungfrau Maria zu sehen war, z.B. auf dem Schlachtfeld von Mohács vor dem tragischen Ende. Die Fahne des Freiheitskampfes unter der Führung von Ferenc Rákóczi war auch nicht dreifarbig - auf einer Fahne war auf rot-weißem Grund das Wappen der Rákóczi Familie zu sehen, eine andere hatte eine grüne Farbe und enthielt folgende Aufschrift: "Für die Freiheit". Zur Verbindung der drei Farben kam es erst später, als die Länder nach französischem Muster begannen, „Nationalfarben" und Nationalflaggen anzufertigen. Die dreifarbigen Symbole werden Trikolore genannt.

Unsere Vorfahren lebten aber unter Habsburgischer Herrschaft, d.h. unter der schwarz-gelben Flagge der österreichischen Herrscherfamilie. Im Jahre 1848 wurde die Trikolore als Symbol angenommen und gesetzlich festgelegt. Unter den ersten Kriegsflaggen von 1848 findet sich die erste, bis heute erhaltene rot-weiß-grüne Fahne. Später versuchte man zu erklären, warum unsere Vorfahren gerade diese drei Farben ausgewählt haben, und welche Farbe was bedeuten soll. Fest steht, dass diese Nationalfarben völlig mit dem Nationalbewusstsein und Nationalgefühl verknüpft sind. Wenn irgendwo viele verschiedene Flaggen flattern, suchen unsere Augen automatisch nach der rot-weiß-grünen Fahne, denn sie gehört zu uns und symbolisiert alle Bürger des Landes.

A Szent Korona

Nincs még a világon egy ilyen jelentős tárgy, amelyet emberek sokmilliós csoportja ennyire tisztelne, amelynek eredetével, külsejével, szerepével kapcsolatban ennyi rejtély és félreértés keringene, amelynek története bővelkedne kalandokban.

A magyar Szent Korona birtoklásáért nemcsak hatalmi harcokat, de háborúkat is folytattak, nemegyszer elvesztették, ellopták, elásták, zálogba adták, kihurcolták az országból, majd visszahozták, hol nyíltan, hol titkokban. Sokszor járt közel a megsemmisüléshez, elhagyta Európát, és Amerikában tartották a világ legjobban őrzött erődjében. Volt, hogy olajoshordóba rejtették, volt, hogy jelentéktelen vidéki várban őrizték, megesett, hogy elejtették – azóta ferde rajta a kereszt –, még az is, hogy egyszerűen útközben elvesztették valahol…

Akadnak, akik még ma is visszahelyeznék a koronát, tán még az alkotmány helyére is tennék. Mint a régi magyar urak, akik szentül hitték, hogy a hatalom forrása Magyarhonban nem a király, hanem maga a korona, ez a tárgy, amely azonban mégis több egy tárgynál.

Valaha csak az lehetett nálunk király, akit ezzel koronáztak meg. És aki kezébe vehette a koronaékszereket: leült a trónra, fején a ferde keresztes koronával, egyik kezében a kettős kereszttel díszített országalmával, másikban a jogarral. De a királyi karddal is jelezte a szabad ég alatt, négyfelé suhintva, hogy megvédi az országot minden ellenségtől. A koronázási palást számtalan magyar és ránk erőltetett nem magyar férfi testét takarta már, ha rövid ideig is. Négyszáz év telt el, míg a korona, a jogar, az országalma és a kard elkészült, és végül összeállt egyetlen koronázási, szertartási egésszé. A jelképek kölcsönösen kiegészítették egymást.

A régi magyar jog szerint minden nemes ember a korona alá tartozik, és ha valaki hűtlennek bizonyul a „koronához", hát minden vagyona visszaszáll rá. A király is csak azért gyakorolhatja jogait, mert a koronázás pillanatában a korona jogai – ideiglenesen! – átszálltak reá. Akié a korona, azé a hatalom, ez így volt majd' ezer éven keresztül.

Gondoljunk csak bele: ez az egyetlen tárgy, amelyet minden bizonnyal érintett, a kezében tartott, egy kis ideig a fején viselt minden olyan magyar király, akikről az iskolában tanultunk, akikről könyveket olvastunk. Akik valóban sokat tettek a magyarságért – éppen úgy, mint azok, akik bizony ellenünk törtek, és a koronát meg sem érdemelték. Ha a korona beszélni tudna, több mint ötven történelmi személyiségről regélhetne…

De a korona hallgat. Mára múzeumi tárgy lett belőle, ám biztos, hogy sokak szívét megdobogtatja már a puszta látványa is. Ott van a címerünk fölött, így megjelenik mindenhol, ahol zászlóval ünnepeljük a magyarságunkat. A létezésünket.

The Holy Crown

There's no other object in the world that has such significance to be respected by millions of people, the origin, design, role and adventurous tale of which is surrounded by so many mysteries and misunderstandings. Not only were power struggles and wars fought for the Holy Crown of the Hungarians, it was also lost, stolen, buried, pawned, taken away and then redelivered to the country, sometimes in secret and sometimes in public. It was close to being destroyed and it was taken out of Europe and kept in America in the best fortified stronghold of the world. At times, it was hidden in a barrel of oil or kept in an insignificant castle in the countryside, dropped – bending the cross out of shape – or simply misplaced during a journey…

Some people wish to restore the crown to its glory or even use it to replace the constitution – just like the Hungarian lords of old, who firmly believed the source of power in Hungary wasn't the king, but rather the crown itself, which is more than a mere object. In the past, a man could only be king if he wore the crown, allowing him to take up the crown jewels: while sitting on the throne with the crown and its crooked cross above his head, he held the orb with a double cross in one hand and the sceptre in the other. He pointed his royal sword towards the four corners of the earth, indicating that he would defend the country from all its enemies. The royal mantle cloaked the figures of countless Hungarian men and foreigners who were forced upon the country for a brief period of time. It took four hundred years to complete the crown, the sceptre, the orb and the sword, and to unify them as the ceremonial coronation jewels, the symbols of which complemented each other.

According to ancient Hungarian law, all nobles owe fealty to the Crown and if one proves disloyal to the "crown", all of his possessions will be possessed by it. Even the king can only exercis his rights because the rights of the crown were – temporarily! – bestowed upon him after the coronation. Whoever had the crown had the power as well, and this was unchanged for close to a thousand years.

Just think about it: this is the only object which was most likely touched and held for a brief period of time by all the Hungarian kings they teach children about in school and write books about. They really did a lot for the Hungarians, just like those people who were opposed to them and didn't deserve to wear the crown. If the crown could talk, it could tell us about over fifty historical personalities…

However, the crown is silent. Although nowadays it's a museum piece, its mere sight is still enough to stir the hearts of many people. We can find it above the national coat of arms, and thus it appears in all places where the country – and the existence of Hungarians – is celebrated.

Die Heilige Krone

Es gibt auf der Welt kaum einen anderen, so bedeutungsvollen Gegenstand, der von Millionen von Menschen verehrt wird, mit dessen Herkunft, Aussehen und Rolle so viele Rätsel und Missverständnisse verbunden sind, und dessen Geschichte so abenteurisch ist. Um die Heilige Krone zu besitzen, wurden Machtkämpfe und Kriege geführt, sie ging verloren, wurde offen oder heimlich gestohlen, vergraben, verpfändet, aus dem Land gebracht, dann zurückgebracht. Sie wurde fast vernichtet, aus Europa nach Amerika gebracht, wo sie in der meistbewachten Festung der Welt aufbewahrt wurde. Einmal wurde sie in einem Ölfass, dann in einer bedeutungslosen Burg auf dem Lande versteckt, es kam vor, dass man sie fallen ließ - seitdem steht das Kreuz schräg -, oder unterwegs einfach verlor.

Es gibt einige, die die Krone an ihren ursprünglichen Platz zurücksetzen, oder sogar anstelle der Verfassung stellen würden. Diese Menschen, wie einst die ungarischen Adeligen, glauben fest daran, dass die Grundlage der Macht im Land der Ungarn nicht der König, sondern die Krone selbst ist, dieser Gegenstand, der aber mehr bedeutet, als ein alltäglicher Gegenstand.

In Ungarn musste der König mit dieser Krone gekrönt werden, sonst war die Krönung ungültig. Der rechtmäßige König durfte die Königsjuwelen in seiner Hand halten: er setzte sich auf den Thron, die Krone mit dem schrägen Kreuz war auf seinem Kopf, in einer Hand hielt er den Landesapfel mit dem Doppelkreuz, in der anderen Hand das Zepter. Unter freiem Himmel zeigte er mit dem königlichen Schwert, indem er damit in die vier Himmelsrichtungen schlug, dass er das Land gegen alle Feinde verteidigt.

Das Königsgewand wurde schon von vielen ungarischen und uns aufgezwungenen nicht ungarischen Männern getragen, wenn auch für kurze Zeit. Vierhundert Jahre dauerte es, bis die Krone, das Zepter, der Landesapfel und das Schwert angefertigt wurden, und sich zu einer einzigen Krönungszeremonie fügten. Die Symbole ergänzten sich gegenseitig.

Nach dem alten ungarischen Recht gehörten alle Adeligen unter die Macht der Krone, und wenn jemand „der Krone" untreu wird, geht sein Vermögen in den Besitz der Krone über. Der König darf seine Rechte ausüben, weil er im Moment der Krönung die Rechte der Krone – vorläufig – bekommen hat. Wer die Krone hat, dem gehört die Macht, dieses Prinzip galt fast tausend Jahre lang.

Denken wir darüber nach: das ist der einzige Gegenstand, den wahrscheinlich alle Könige, über die wir in der Schule gelernt oder gelesen haben, in der Hand hielten und eine kurze Zeit auf den Kopf trugen. Unter ihnen waren viele, die wirklich viel für Ungarn taten, und auch einige, die gegen uns kämpften und die Krone nicht verdienten. Wenn die Krone sprechen könnte, könnte sie über mehr als fünfzig historische Personen erzählen.

Aber die Krone schweigt. Heute ist sie nur noch ein Ausstellungsobjekt, aber das Herz schlägt einem höher, wenn man sie zu sehen bekommt. Sie ist über dem Wappen, deshalb erscheint sie überall, wo die Ungarn ihre Existenz mit der Nationalflagge feiern.

The Árpád Striped Banner

Red and white were the colours of the Árpád House kings. We could say that red is the colour of blood and white is the colour of innocence and purity, but perhaps there's more to it than this. When the Árpád House rulers where monarchs, the white colour was often replaced by silver.

Although our banners and coat of arms often changed in the course of the first thousand years, the colours of the former kings were still preserved. There was a time when these symbols had great significance: they bore the standard in front of the rulers and the armies assembled beneath the coat of arms, banners and flags – identifying the various sides in a conflict! At the time, there was no such thing as uniforms and everyone wore the clothes they had.

In the age of the Árpád dynasty, the king's banner was synonymous with the country's flag. This was commonly accepted and until the year 1301, during the reign of the descendents of Árpád, it never occurred to anyone have a different banner on the battlements of the castle or above the armies marching to war.

Unfortunately, in the saddest period of Hungary history, the Arrow Cross Party used this symbol to identify itself between 1944 and 1945. Thus, a rule of terror and a host of atrocities are attached to this symbol – of course, the actual emblem can't be blamed for this. Nevertheless, people have mixed feelings when they see it on the street nowadays. However, we should bear in mind that in the past, the red and white striped banner was the symbol of the sovereign Hungarian state and thus the independence of Hungary for hundreds of years.

Az Árpád-sávos zászló

Az Árpád-házi királyok színei a vörös és fehér voltak. Szoktuk mondani, hogy a vörös a vér színe, a fehér az ártatlanságé, a bűntelenségé, de itt talán másról volt szó. Később, amikor az Árpád-háziak már királyi hatalommal bírtak, a fehér szín kezdett ezüstre változni, mind gyakrabban jelent meg így.

Bár zászlóink és címereink az első ezer év során gyakran változtak, az egykorvolt királyok színei fennmaradtak.

Valaha nagy szerepük volt ezeknek a jelvényeknek: a vezérek előtt vitték a zászlót, a csatába rendeződő sereg a címerek, jelvények, zászlók mögül rontott az ellenségre – innen lehetett tudni, ki melyik oldalon harcol! Ugyanis a régi seregekben ismeretlen volt az egyenruha, mindenki a maga öltözetét viselte.

Die Flagge mit den Arpadenstreifen

Die Farben der Könige aus dem Arpadengeschlecht waren rot und weiß. Man sagt oft, dass Rot die Farbe des Blutes, und Weiß die Farbe der Unschuld ist, aber hier geht es vielleicht um etwas mehr. Später, als das Arpadengeschlecht schon die königliche Macht besaß, ging das Weiß allmählich in Silberfarbe über, die immer öfter erschien. Obwohl sich unsere Flaggen und Wappen im Laufe der ersten tausend Jahre oft veränderten, blieben die Farben der alten Könige erhalten. Früher spielten diese Symbole eine große Rolle: die Flagge wurde vor den Fürsten und Heeresführern getragen, das Heer zog unter den Wappen, Zeichen und Flaggen in die Schlacht – so konnte man wissen, wer auf wessen Seite kämpfte! In den früheren Heeren war nämlich die Uniform noch unbekannt, jeder hatte seine eigene Kleidung an.

Zur Zeit der Arpaden war die Flagge des Königs mit der Landesflagge identisch. Das wurde akzeptiert, und solange die Nachfolger der Arpaden die Macht besaßen, also bis 1301, kam es überhaupt nicht in Frage, dass auf den Königsburgen oder vor den marschierenden Truppen eine andere Flagge flattern sollte.

In den Jahren 1944/1945, in der traurigsten Epoche der ungarischen Geschichte wählte leider auch die Partei der Pfeilkreuzler dieses Symbol zu ihrem Zeichen. So werden mit diesem Symbol die Schreckenherrschaft und eine Vielzahl von Grausamkeiten verbunden, mit denen das Symbol natürlich nichts zu tun hat, aber es weckt trotzdem gemischte Gefühle, wenn das Symbol in den Straßen erscheint. Wir sollten eher daran denken, dass die rot-weiße Flagge viele Jahrhunderte lang eines der wichtigsten Symbole des selbständigen ungarischen Staates und so der Unabhängigkeit war.

Az Árpádok korában a király zászlója egyenlő volt az országzászlóval. Ezt el is fogadták, és 1301-ig, míg Árpád leszármazottai uralták az országot, fel sem merült, hogy más zászló lobogjon a királyi várak fokán vagy a menetelő seregek előtt.

Sajnos Magyarország történetének legszomorúbb időszakában, 1944–45-ben a nyilas párt is ezt a szimbólumot választotta jelvényének.

Így egyfajta rémuralom és atrocitások tömege tapadt a jelképhez – amiről persze maga a jelkép nem tehet. Ám ma vegyes érzelmeket ébreszt, ha megjelenik az utcákon. Gondoljunk azonban arra, hogy annak előtte a piros-fehér csíkos zászló sok száz éven át a magyar önálló államiság és így a függetlenségünk egyik fontos szimbóluma volt.

The Hungarian Cockade and the Torn Flag

The Cockade spread at the time of the French revolution, when the blue-white-red tricolour became not only the nation's flag, but the emblem of the revolution as well. Someone came up with the idea of pinching together small ribbons, allowing people to sew them on to their clothes. Later on, the ribbons were fashioned into a round shape and worn on the clothes. The Cockade lasted for centuries, and wearing one was an indication of one's nationality and revolutionary nature. Of course, one mustn't exaggerate this and wear it for months, only at the time of some anniversary or celebration. It's also not a good idea to let any single political movement monopolise on the symbol, since it's a symbol above nations.

In 1956, the Hungarian revolutionaries were only able to find Hungarian flags in Budapest and in the countryside with the Russian coat of arms in the centre, since simply put, these were the only kind of flags available in the various state buildings and storerooms. Naturally, they didn't wish to use the hated coat of arms with the red star. Someone came up with the idea of cutting the coat of arms out with a pair of scissors. The torn flag became a new kind of national symbol in this sublime historical moment. When the Hungarian athletes at the Olympic Games in Melbourne and the Hungarians protesting in western European cities appeared wearing the torn flag, the world understood its meaning at once. Even the Kádár regime learnt a lesson: in 1957, they modified the Hungarian constitution and from then on, the Hungarian coat of arms was no longer a part of the flag, so the Hungarian flag became a simple red-white-green banner with a coat of arms...

Kokárda és lyukas zászló

A kokárda a francia forradalom alatt terjedt el: akkor lett a kék-fehér-piros francia trikolór nemcsak a nemzet, hanem egyben a forradalom zászlója is. Valaki kitalálta, hogy arasznyi szalagokat fog össze, így a három szín feltűzhető a ruhára. Később kör alakra szabták, és így viselték. A kokárda évszázadokon át fennmaradt, viselése majdnem mindig egyfajta nemzeti hovatartozást vagy forradalmi érzületet tükröz. Persze ezt sem szabad(na) túlzásba vinni, nem lehet hónapokon át viselni, csak valamilyen évforduló vagy esemény idején van értelme. És nem jó, ha a kokárda kitűzését valamely politikai eszmeáramlat kisajátítja magának, hiszen ez össznemzeti jelkép.

1956-ban a tüntetni induló magyar forradalmárok Budapesten és nagyon sok vidéki városban csak kommunista címeres magyar zászlókat találtak. Egyszerűen nem volt más az intézményekben, raktárakban. A gyűlölt vörös csillagos címert pedig nem akarták felmutatni. Valaki kitalálta, hogy ollóval-késsel kivágja középről a címert. A csonka zászló abban a pillanatban felmagasztosult, újfajta nemzeti jelképpé lett. Amikor a magyar sportolók a melbourne-i olimpián és nyugati nagyvárosokban a tüntető külföldi magyarok megjelentek a lyukas zászlókkal, a világ azonnal megértette a jelzést.

Még a Kádár-kormány is tanult belőle: 1957-ben megváltoztatták az alkotmányt, és attól kezdve a magyar állami címer nem volt része a zászlónak, a magyar zászló csak piros-fehér-zöld lett, címer nélkül...

Kokarde und die Flagge mit dem Loch

Die Kokarde verbreitete sich während der französischen Revolution: die blau-weiß-rote Trikolore wurde die Fahne der Nation und der Revolution. Jemand kam auf die Idee, kleine Bänder zusammenzubinden, so können die drei Farben als Aufnäher an der Kleidung befestigt werden. Später wurden sie in Kreisform getragen. Die Kokarde existiert schon seit Jahrhunderten, und ist ein Zeichen für die Zugehörigkeit zu einer Nation oder für das revolutionäre Gefühl. Natürlich darf man auch hier nicht übertreiben, die Kokarde sollte man nicht monatelang, sondern nur zu besonderen Anlässen und Ereignissen tragen, sonst hat es keinen Sinn. Es ist auch nicht gut, wenn eine politische Richtung das Tragen der Kokarde nur für sich selbst beansprucht, denn das ist das Symbol der ganzen Nation.

Im Jahre 1956 fanden die ungarischen Aufständischen in Budapest und in den anderen Großstädten nur Flaggen mit kommunistischen Symbolen. Es gab keine anderen in den verschiedenen Einrichtungen und Lagern. Sie wollten aber das Wappen mit dem verhassten roten Sowjetstern nicht zeigen. So schnitten sie das kommunistische Wappen mit Schere und Messer aus der Mitte der Flagge. Die durchlöcherten Flaggen wurden zum neuen Nationalsymbol. Als die ungarischen Sportler bei den Olympischen Spielen in Melbourne, und die ungarischen Demonstranten in den westeuropäischen Großstädten mit diesen durchlöcherten Flaggen erschienen, begriff die Welt das Zeichen sofort. Sogar die Kádár-Regierung hat daraus gelernt: 1957 wurde die Verfassung geändert, und das ungarische Staatswappen war nicht mehr Teil der Flagge. Die ungarische Nationalflagge ist rot-weiß-grün, ohne Wappen…

A magyar címerek

The Hungarian Coat of Arms

It might sound strange, but until the early 13th century, Hungary didn't have a coat of arms at all! The first emblem from the age of the Árpád dynasty was the lion, used by two separate kings. This was followed by the Byzantine double cross – which appeared first on coins –, which instead of being a religious symbol, was the sign of the state. The three green hills first appeared on the royal coat of arms of Louis the Great, which was only the base of the cross, only becoming the three hills much later.

The Hungarian coat of arms also displayed a fleur-de-lys in the past – during the reign of the Angevins – along with the red and silver stripes of the Árpád dynasty. Later on, the coat of arms became far more complex. For example, when Sigismund of Luxemburg became the king, and also the Czech king and Roman Emperor, this was displayed in his complex coat of arms. The various kings constantly changed the official national coat of arms by incorporating their own family emblems.

The various segments and conquered provinces of the country also had to appear in the coat of arms. This was how the emblems of Dalmatia, Slavonia or the red and silver chequered field from the national flag of the modern-day Croatia ended up on the coat of arms during the reign of the Habsburgs. Even the independent city of Fiume had its own coat of arms, not to mention Transylvania, which incorporated the Hungarian, Székely, a Saxon symbols. Even the coat of arms of Galicia, Lodomeria, Bosnia and Serbia were included, which were a part of the Austrian Empire. It's just a legend that the four stripes of the coat of arms symbolise the rivers Danube, Tisza, Drava and Sava, whilst the three hills symbolised the Tatra, Mátra and Fátra mountains.

After the rule of Maria Theresa, a number of depictions and "coat of arms" appeared amongst the banners of the empire that were fictitious in nature without standing for any real countries or provinces. It's good to know that the Hungarian crown appeared on the coat of arms at the end of the 18th century. Until then, the painters weren't allowed to see the crown guarded by the Austrians in Bratislava.

At the beginning of the 1848 revolution, Kossuth removed the crown from the national coat of arms. In fact, he even removed the "minor crown", which surrounded the base of the cross on the three hills. Around the millennia celebrations of 1896, they formed the "angelic" grand coat of arms, which was a rather varied, complex group of images. During the course of the First World War, one of the angels was replaced by a fierce griffon… This was followed by the "Hungarian coat of arms" of the Hungarian Soviet Republic, the red, five-pointed star (!), which was succeeded in 1945 by the soviet-like coat of arms with a hammer and a wreath of wheat, the latter of which was bound together with a red-white-and-green ribbon, to give it a Hungarian look. Today, the old coat of arms with the Árpád stripes, the double cross, the three hills with the colours of red, white and green with the crown on top is used again. This completes the story of our coat of arms.

Furcsának tűnhet, de az 1200-as évek elejéig Magyarországnak egyáltalán nem volt címere! Az első Árpád-kori jelkép az oroszlán volt, két királyunknál is. Azután nálunk is felbukkant – először a pénzérméken – a bizánci kettős kereszt, ami ott nem az egyház, hanem az állam jelképe volt. Aztán a hármashalom is megjelent Nagy Lajos király saját címerében, de még csupán talapzata volt a keresztnek, csak jóval később lett belőle három „domb".

Ám francia liliom is volt a magyar címerben – éppen az Anjou-királyok idején –, vele együtt az Árpád-háziak vörös-ezüst csíkozása. A címerek idővel egyre bonyolultabbá váltak. Amikor például Luxemburgi Zsigmond került a trónunkra, aki cseh király és német-római császár is volt egyben, összetett címerein mindezt megjelenítette. Különben pedig az egymást követő királyok folyton megváltoztatták a hivatalos állami címert, beleépítve saját családi, dinasztikus jelképeiket.

Aztán egy igazi „nagy" címeregyüttesben már helyet kellett kapnia az ország egyes részei, meghódított tartományai címereinek is. Így került bele a Habsburgok korában Dalmácia, Szlavónia vagy éppen Horvátország mai nemzeti zászlajáról az ismerős „sakktábla", a vörös-ezüst négyzetek. De a különálló Fiume is rendelkezett saját címerrel, nem is szólva az erdélyi címerről, amely a magyar, a székely és a szász néprész jelképeit is magában foglalja. De láthattuk benne Galícia és Lodoméria, Bosznia és Szerbia címereit is, akkoriban ezek is az osztrák birodalomhoz tartoztak.

Legenda csupán, hogy a címer négy sávja a Dunát, Tiszát, Drávát és Szávát, a hármashalom pedig a Tátrát, Mátrát és Fátrát jelenti.

Die ungarischen Wappen

Es klingt komisch, aber Ungarn hatte Anfang des 13. Jh.-s kein Wappen! Das erste Symbol der Arpaden war der Löwe, der bei zwei Königen vorkommt. Dann erschien auch bei uns – zuerst auf den Münzen – das byzantinische Doppelkreuz, das nicht die Kirche, sondern den Staat verkörperte. Im Wappen von Ludwig dem Großen erschien der Dreiberg, aber er war damals nur ein Sockel für das Kreuz, erst später wurde er als drei „Hügel" gedeutet.

In der Zeit der Anjou-Könige enthielt das Wappen die französische Lilie und die rot-silbernen Querstreifen der Arpaden. Die Wappen wurden mit der Zeit immer komplizierter. Als Sigismund von Luxemburg, der auch böhmischer König und deutsch-römischer Kaiser war, den ungarischen Thron bestieg, ließ er seine Macht auch auf seinen Wappen erscheinen. Die verschiedenen Könige veränderten immer das offizielle Staatswappen, indem sie ihre eigenen, dynastischen Symbole in das Wappen integrierten.

Dann mussten alle Landesteile, die eroberten Provinzen im großen Wappen dargestellt werden. So erschien im Wappen in der Herrschaftszeit der Habsburger das rot-silberne Schachbrettmuster, das Symbol von Dalmatien, Slawonien und des heutigen Kroatiens. Fiume, die eigenständige Stadt besaß auch ein eigenes Wappen, wie auch Siebenbürgen, dessen Wappen die Symbole der Ungarn, der Sekler und der Sachsen beinhaltete. Im großen Wappen konnte man auch die Wappen von Galizien, Lodomerien, Bosnien und Serbien finden, die damals zum Habsburgerreich gehörten.

Es ist nur eine Legende, dass die vier Querstreifen im Wappen die vier Flüsse, Donau, Theiß, Drau und Save, der Dreiberg die drei Berge, Tatra, Fatra und Matra symbolisieren. Nach Maria Theresia wurden im großen Wappen auch Symbole und „Wappen" dargestellt, die nur in der Fantasie existierten, und keine wirklich existierenden Länder, Provinzen verkörperten. Es lohnt sich zu wissen, dass die Darstellung der ungarischen Krone auf den Wappen Ende des 18. Jh.-s erschien. Bis dahin wurde nämlich nicht einmal Malern erlaubt, die Stephanskrone, die in Pressburg von den Österreichern aufbewahrt wurde, zu besichtigen 1848, zu Beginn des Freiheitskampfes ließ Lajos Kossuth die Krone und sogar die „Kleinkrone", in der auf dem Dreiberg das Doppelkreuz

steht, vom Staatswappen herunternehmen. 1896, im Jahre der Milleniumfeierlichkeiten entstand das bunte und komplizierte Großwappen mit den Engeln. Im ersten Weltkrieg wurde einer der Engel durch einen kampflustigen Vogel Greif ersetzt. Das „ungarische Wappen" der Räterepublik beinhaltete den fünfzackigen roten Stern (!), nach 1945 gab es ein Wappen nach sowjetischem Muster mit Hammer und Ähre. Letzteres wurde mit einem rot-weiß-grünem Band zusammengebunden, damit es ungarisch aussieht. Heute gilt das alte, grundsätzlich rot-weiß-grünfarbige Wappen mit den Querstreifen der Arpaden, mit dem Doppelkreuz, dem Dreiberg, und auf dem Wappenschild mit der Stephanskrone. So ist die Geschichte komplett.

Mária Terézia után már olyan ábrázolások, „címerek" is rákerültek a birodalom nagy címeregyüttesére, amelyek csak a fantáziában léteztek, mögöttük nem is voltak valós országok, tartományok. Érdemes tudni, hogy a 18. század végén jelent meg a magyar korona ábrázolása a címereken. Addig ugyanis a festőknek sem engedték megtekinteni a Pozsonyban, osztrákok által őrzött koronát. 1848-ban a szabadságharc elején Kossuth levétette a koronát az állami, nemzeti címerről. Sőt, még a „kiskoronát" is, amely a hármashalmon a kereszt talapzatát övezi. Majd a millenniumi időkben, 1896-ban megalkották az „angyalos" nagycímert, ami roppant tarka, bonyolult ábrázolathalmaz volt. Az első világháború alatt az egyik angyalt harcias griffmadárra cserélték… Aztán jött a Tanácsköztársaság „magyar címere", az ötágú vörös csillag (!), majd 1945 után a szovjet mintájú kalapácsos-búzakoszorús – ez utóbbit azonban piros-fehérzöld szalaggal fogták össze, hogy egy kicsit azért magyarítsák. Ma pedig a régi Árpád-sávos, kettőskeresztes-hármashalmos, alapvetően piros-fehér-zöld színvilágú címerünk tetején ott a korona is. Így egész ez a történet.

„Mondják el szent neveinket"

"Recite our sainted names" – „Gedenkt unserer heiligen Namen"

Saint János of Capistrano

Although he wasn't born in Hungary, he's still considered a Hungarian saint. This could hardly be a coincidence, but rather an expression of gratitude. The Italian Franciscan priest (1386–1456), wandering preacher, diplomat and inquisitor originally wanted to fight against the Hussites, but then deemed the crusade against the Turks to be more important.

He was called to Hungary in 1455. He was a superb orator, but he didn't speak Hungarian and thus his Italian or Latin speeches were interpreted by his fellow priests. For some reason, he had an "understanding" with the peasants, probably because they had the most to lose, since they could lose their homeland – this was a fairly unclear term for the people of the time – due to the Turkish oppression, as well as their lives, their families, cottages, and their small holding: thus everything they had.

Capistrano marched to Nándorfehérvár (modern-day Belgrade) with his mustered crusaders and wasn't scared off the numerical superiority of the Turkish forces. If anyone had any doubts, it was enough to hear the reasons of the fiery-eyed, fanatical Christian for them to pick up their arms against the army of the Sultan. As commonly known, the united forces of the Hungarians and the Balkan people gained victory over the Turkish army, halting the advance of the Sultan for nearly a half century. János of Capistrano perished, along with general János Hunyadi, in the plague (from the unburied dead bodies) following the siege.

Szent Kapisztrán János

Der Heilige Johannes Kapistran (1386–1456)

Er wurde zwar nicht auf ungarischem Boden geboren, gehört aber zu den ungarischen Heiligen, und das ist kein Zufall, eher der Ausdruck des Dankes. Der italienische Franziskanermönch, Wanderprediger, Diplomat und Inquisitor wollte zuerst gegen die Hussiten kämpfen, aber später waren für ihn die Kreuzzüge gegen die Türken wichtiger. 1455 wurde er nach Ungarn gerufen. Er war ein ausgezeichneter Redner, aber konnte kein Ungarisch, deshalb übersetzten die anderen Priester seine Reden aus dem Lateinischen und Italienischen ins Ungarische. Aus irgendeinem Grund verstand er sich sehr gut mit den Bauern, sie hatten wahrscheinlich am wenigsten zu verlieren. Sie konnten während der Türkenherrschaft nicht nur ihre Heimat, die damals noch ein unklarer Begriff war, sondern auch ihr Leben, ihre Familie, ihre Hütte, ihr winziges Land, ihren Lebensunterhalt, d.h. alles verlieren. Kapistran ver sammelte ein Kreuzheer um sich, mit dem er in Nándorfehérvár erschien. Die Übermacht der Osmanen schreckte ihn nicht ab. Wer vielleicht Zweifel hatte, der brauchte sich nur die Argumente dieses begeisterten und fanatischen Christen anzuhören, um gegen die Truppen des Sultans zu den Waffen zu greifen. Die vereinigte ungarische und balkanische Streitmacht errang einen großen Sieg über die Türken, der den Vorstoß der Osmanen für ein halbes Jahrhundert verhinderte. Johannes Kapistran, wie auch János Hunyadi erlagen einer Pestseuche, die nach dem Sieg wegen der unbegrabenen Leichen ausbrach.

Bár nem magyar földön született, a magyar szentek közé sorolják, és ez aligha véletlen, inkább a hála kifejezése. Az itáliai ferences szerzetes (1386–1456), vándor prédikátor, diplomata és inkvizítor eredetileg a husziták ellen akart harcolni, de aztán a török elleni keresztes hadjáratokat fontosabbnak vélte.

1455-ben hívták Magyarországra. Remek szónok volt, de magyarul nem tudott, így aztán paptársai fordították latin vagy olasz nyelvű beszédeit. Valami okból főleg a parasztokkal „értett szót", nyilván azért, mert nekik volt a legtöbb vesztenivalójuk. Török uralom alatt elveszíthették nemcsak a hazájukat – ez eléggé homályos fogalom volt az akkori emberek számára –, de az életüket, családjukat, kis kunyhójukat, zsebkendőnyi földjüket, megélhetésüket, egyszóval mindent.

Kapisztrán az összetoborzott keresztjeseivel Nándorfehérváron is megjelent, nem ijesztette el a sokszoros török túlerő. Akinek mégis kétsége támadt volna, elég volt a lángoló szemű, fanatikus keresztény szájából meghallgatni annak érveit, és máris fegyvert ragadott a szultán serege ellen. Mint már tudjuk, a magyar és a balkáni egyesült hadak nagy győzelmet arattak a törökök felett, amivel sikerült majd' fél évszázadra visszavetni a szultán előrenyomulását.

Kapisztrán János szerzetest ugyanúgy, ahogyan Hunyadi János hadvezért is, a győzelem utáni (a temetetlen holtak miatt kitört) pestisjárvány vitte el.

The person who christened Vajk

Vojtech or Adalbert was born in to a prominent family in Prague: his father was the Czech ruler himself, whilst his mother was a Saxon princess. He could have been king, bur following a serious illness, his parents agreed to his request: he decided to become a priest and wasn't interested in worldly matters. Adalbert lived in the second half of the 10th century AD and became the bishop of Prague, visiting Italy and Rome and befriending emperors and popes, turning into a knowledgeable priest, who still lived a modest life and never bragged about his knowledge.

In 990, he became a Benedictine monk, but he had to forsake the solitude and peace of the monasteries he longed for. He became the leader of a spiritual centre in Prague with the goal of Christianising the Polish, Czech, Moravian and Hungarian pagans.

Adalbert visited Hungary in the year 994. He developed an understanding with King Géza and Adalbert christened Vajk, the king's son, giving him the name of "Stephanus" or Stephen. He returned to Prague one and a half years later and then visited the Polish and Lithuanian people to spread the faith. He was successful amongst the pagan Prussians as well, but he was nevertheless suddenly attacked and murdered by the pagans.

He was canonised as a saint by the Pope as early as 999. King Stephen built a basilica in Esztergom and dedicated it to Adalbert, becoming the guardian of the country's primary diocese. Adalbert is currently the patron saint of the Czech Republic, but it seems like Adalbert had a lot to do with the history of Hungary as well.

Aki Vajkot megkeresztelte

Vojtech, vagyis Adalbert nagyon előkelő prágai családban született: apja maga a cseh fejedelem, anyja egy szász hercegnő volt. Király lehetett volna belőle, de egy súlyos betegség után a szülei engedtek kérésének: a papi hivatás iránt érzett kedvet, nem vonzották a világi hívságok. Adalbert a 900-as évek második felében élt, prágai püspök lett, aztán megjárta Itáliát, Rómát, császárok és pápák őszinte barátja, nagy tudású egyházi férfiú lett, aki mindamellett szerényen élt, és sohasem fitogtatta tudását.

990-ben bencés szerzetes lett, de a vágyott kolostori magányt és nyugalmat fel kellett adnia. Prágában egy szellemi központ vezetője lett, azt a célt tűzve maga elé, hogy a lengyel, cseh, morva és magyar pogányokat megtéríti.

994-ben Adalbert Magyarországra jött. Géza fejedelemmel megértették egymást. Adalbert keresztelte meg Vajkot, a fejedelem fiát, akinek a „Stephanus", azaz István nevet adta. Másfél évvel később visszatért Prágába, aztán a lengyelekhez és litvánokhoz ment téríteni. Az akkor még pogány poroszok között is sikeresen dolgozott, de aztán egy napon váratlanul megtámadták és végeztek vele a pogányok.

Már 999-ben szentté avatta őt a pápa. István király bazilikát építtetett Esztergomban, és Adalbert tiszteletére szenteltette fel: a rangban mindig első egyházmegyét, az esztergomit az ő oltalma alá helyezte. Adalbert ma Csehország védőszentje, de lám, elég sok köze volt a magyar eseményekhez is.

Der Priester, der Vajk getauft hat

Vojtech, der spätere Adalbert stammte aus einer vornehmen Familie in Prag: Sein Vater war ein böhmischer Fürst, seine Mutter war eine sächsische Prinzessin. Er hätte König werden können, aber nach einer schweren Krankheit wurde ihm von seinen Eltern erlaubt, den geistlichen Beruf zu wählen. Das weltliche Leben war für ihn nicht attraktiv. Adalbert lebte in der zweiten Hälfte des 10. Jh.-s, er wurde der Bischof von Prag, später ging er nach Italien, nach Rom. Er war ein aufrichtiger Freund von Kaisern und Päpsten, war hochgebildet, lebte aber bescheiden und prahlte nie mit seinem Wissen.

Im Jahre 990 wurde er Benediktinermönch, musste aber die Einsamkeit und das ruhige Leben des Klosters bald aufgeben. Er kehrte nach Prag zurück, wo er ein religiös-kulturelles Zentrum gründete, dessen Ziel die Bekehrung der heidnischen Polen, Böhmen, Mähren und Ungarn war. Im Jahre 994 kam er nach Ungarn. Er verstand sich sehr gut mit dem Großfürsten Géza. Adalbert taufte Vajk, den Sohn von Géza, dem er den Namen „Stephanus", ungarisch István, gab. Nach anderthalb Jahren kehrte er nach Prag zurück, dann ging er zu den Polen und Litauern, um sie zu bekehren. Er arbeitete auch unter den heidnischen Preußen, die ihn eines Tages unerwartet angriffen und töteten.

Bereits 999 wurde er vom Papst heiliggesprochen. König Stephan ließ zu seinen Ehren eine Basilika in Esztergom bauen: Er stellte die wichtigste Erzdiözese des Landes, das Erzbistum von Esztergom unter das Patronat des Heiligen. Adalbert ist heute der Schutzpatron von Tschechien, aber er nimmt in der ungarischen Geschichte auch eine wichtige Rolle ein.

The Virgin Mary, Patrona Hungariae

The young woman who bore the son of God understandably has a special place amongst the various saints and has been revered ever since Christians have walked the face of the earth. As a child, Mary visited the Holy Temple in Jerusalem every day, where there was a spinning wheel, where virgin girls made the priests' clothes and the draperies for the temple. Mary learnt that everything that God allows to happen will prepare her for her future "service". They designated Joseph as her husband and as Mary was an obedient child of her parents and a faithful believer of her church, she accepted this odd task.

However, Mary's fate wasn't merely full of joy. We're familiar with the story of their wandering previous to her giving birth, whilst the words and actions of her son, Jesus sealed her fate and she was constantly worrying about him – she even had to witness her son dying on the cross. Some say she barely lived a year after her son's crucifixion.

A number of Hungarian kings dedicated Hungary to the Virgin Mary, or as the Hungarians call her, Our Lady (they celebrate her every year on the 15th of August). For a long time, it was commonly accepted to think of the Virgin Mary as the guardian angel of Hungary and over the course of the centuries, there were many who believed that this patronage would help the country. This faith was rekindled in the troubled times of the country when Hungary faced hardship in the course of its history. We must admit that there were many difficulties the country had to face and there was a great need for such divine aid. There are a number of believers who think this is still the case.

Szűz Mária, Patrona Hungariae

A fiatal nő, aki Isten fiát e világra szülte, értelemszerűen központi helyet kapott a szentek között, és tisztelik őt, mióta csak keresztények léteznek a világon. Mária szinte gyermekként nap mint nap bejáratos volt a jeruzsálemi Nagy Templomba, ahol fonoda is működött. Itt szűz lányok készítették a papok ruháit, és a templom függönyeit. Mária megtanulta, hogy minden, amit Isten enged megtörténni, felkészíti őt egy későbbi „szolgálatra". Kijelölték József feleségéül, és Mária engedelmes gyermeke volt szüleinek, alázatos híve egyházának, elfogadta hát a különös feladatot.

Máriának nem csak jó dolgokat hozott a sors. Ismerjük a szülés előtti vándorlásuk történetét, majd később éppen fia, Jézus szavai és tettei miatt kárhoztatták, ő pedig folyton aggódott a fiáért, akinek még kereszthalálát is végig kellett néznie. Talán ha egyetlen évet élt még fia megfeszítését követően, nem többet.

Számos magyar király ajánlotta fel az országot Szűz Máriának, vagy ahogyan nálunk mondják: Nagyboldogasszonynak (minden évben augusztus 15-én tartják az ünnepét). Sokáig elfogadott dolog volt Szűz Máriát Magyarország védőszentjének tartani, és az évszázadok során hittek abban, hogy ez a magas pártfogás segíthet a hazán. Különösen azokban az időkben újult meg ez a hit, amikor Magyarország a történelme során újabb nagy bajba került. Ismerjük el: baj volt rengeteg, és a magas pártfogásra valóban szükség is volt. Számos hívő szerint ez talán ma sincsen másképpen.

Jungfrau Maria, Patrona Hungariae

Die junge Frau, die den Gottessohn geboren hat, nimmt eine zentrale Stelle unter den Heiligen ein, sie wird verehrt, seit es Christen auf der Welt gibt. Maria ging als Kind regelmäßig in den Tempel von Jerusalem, wo auch eine Spinnerei eingerichtet war. Hier wurden die Gewänder der Priester und die Vorhänge für den Tempel von jungfräulichen Mädchen gemacht. Maria lernte, dass alles, was Gott geschehen lässt, sie auf einen späteren „Dienst" vorbereitet. Sie wurde zur Frau von Josef auserwählt, und da Maria ein gehorsames Kind ihrer Eltern und ein demütiges Mitglied ihrer Glaubengemeinschaft war, nahm sie diese Entscheidung an. Maria bekam vom Schicksal nicht nur Gutes. Alle kennen die Geschichte der Wanderung vor der Geburt, und später wurde sie wegen der Worte und Taten von Jesus verpönt. Sie machte sich um ihren Sohn Sorgen, dessen Kreuzigung sie sich mit ansehen musste. Nach dem Tod ihres Sohnes lebte sie vielleicht noch ein Jahr, aber nicht mehr.

Viele ungarische Könige empfahlen das Land in den Schutz der Jungfrau Maria (ungarisch: Nagyboldogasszony, jedes Jahr am 15. August wird das gefeiert).Die Jungfrau Maria wurde lange Zeit als Patrona Hungariae angesehen, und viele glaubten fest daran, dass ihr Schutz den Ungarn helfen kann. Besonders in den Zeiten, wo Ungarn im Laufe seiner Geschichte in aussichtslose Situation geriet, wurde dieser Glaube stärker. Man muss schon zugeben, dass es viel zu oft vorgekommen ist, dass dieses Patronat benötigt wurde. Die Gläubigen meinen, dass diese Zeiten noch nicht vorbei sind.

Istentől áldott Benedek

A „Benedictus" latinul azt jelenti: Istentől áldott. Benedek Itáliában született 480 körül. Rómában tanult, de taszította őt a városban látható szabadosság, ezért csatlakozott egy aszkéta közösséghez. Kezdte hirdetni, hogy a szerzetesi élet, az engedelmesség, a munka és az imádság a legfőbb értékek. Itt a szeretet közösségében meg volt határozva az imádság, az olvasás, a munka, az étkezés, és az alvás ideje. Egyfajta „katonás" fegyelemben éltek, amely azonban időt adott az elmélyedésre, a szemlélődésre – de minden nap dolgozniuk is kellett a szerzeteseknek.

Benedek megalapította a később róla elnevezett Benedek-rendi szerzetességet (bencések), amely azóta – 1400 esztendeje! – létezik, és sokat adott az emberi kultúrának, az egyháznak. A „szerzetesek atyja" maga járt elöl jó példával, és követői már az általa kigondolt „regulák", azaz szabályok szerint éltek és élnek mind a mai napig.

A bencések nagy hatást gyakoroltak Magyarországra is. Pannonhalmán már a legelső időktől kezdve működött kolostoruk. Ama zavaros időkben, amikor még a pogányság és az új, idegen keresztény papok között mindennaposak voltak a villongások – talán éppen ők voltak az egyetlen papok, akik türelemmel, munkás életmóddal megszerezték a nép bizalmát, és akiktől a hatalom emberei sem tartottak. A bencések – Szent Benedek követői – mindenütt élen jártak a munkában, a gyógynövények termesztésében, és ez a mai napig sem változott.

Vom Gott gesegneter Benedikt

Das lateinische Wort „benedictus" bedeutet gesegnet. Benedikt wurde um 480 in Italien geboren. Er studierte in Rom, er lehnte die Sittenlosigkeit der Stadt ab, und schloss sich einer asketischen Gemeinschaft an. Er lehrte, dass das Mönchsleben, der Gehorsam, die Arbeit und das Gebet die wichtigsten Werte sind. In der Gemeinschaft war die Zeit des Gebetes, der Lesung, der Arbeit, der Mahlzeiten und des Schlafs streng vorgeschrieben. Das Leben war „militärisch" organisiert, aber man hatte Zeit für Vertiefung und Kontemplation, und die Mönche mussten jeden Tag arbeiten. Benedikt gründete den Benediktinerorden, der schon 1400 Jahre existiert. Seine Leistung trug zur Entwicklung der Kultur und der Kirche bei. Der „Vater der Mönche" ging mit gutem Beispiel voran, seine Anhänger lebten und leben auch heute noch nach den von ihm verfassten Mönchsregeln.

Die Benediktiner hatten einen großen Einfluss in Ungarn. In Pannonhalma wurde schon im 10. Jh. ein Benediktinerkloster errichtet. In der Zeit der Wirren, als es zwischen den Heiden und den neuen fremden Priestern noch viele Konflikte gab, waren die Benediktiner vielleicht die einzigen Mönche, die mit Geduld und arbeitsamer Lebensweise das Vertrauen des Volkes gewannen, und gegenüber denen die Inhaber der Macht nicht misstrauisch waren. Ihre arbeitsame Lebensweise und der Anbau von Heilkräutern machten die Benediktiner zum Vorbild, was bis heute so geblieben ist.

Benedict, the beloved of God

The name Benedictus means "blessed by God" in Latin. Benedict was born in Italy, around the year 480. He studied in Rome, yet he was disgusted by the libertine nature of the city and thus joined an ascetic community. He began spreading the belief that the greatest values in life were to live as a monk in obedience, work and prayer. The time of prayer, reading, working, eating, and sleeping were all laid down in this community. They lived their lives in "soldier-like" discipline, which still gave them time for contemplation and meditation – however, the monks worked every day.

Benedict later established the Benedictine order, which has been active ever since – for 1400 years! – and which has given much to human culture and the church. The "father of monks" himself set a good example and his followers lived according to the "rules" he developed, living their lives according to his strict provisions. The Benedictines had a great influence on Hungary. They established a monastery in Pannonhalma in the country's earliest period. In the confusing times when fights between the pagans and the new, foreign Christian priests were everyday incidents, perhaps they were the only priests who patiently won the people over with their hardworking lives and who weren't feared by the men of power and authority either. The Benedictines – the followers of Saint Benedict – were always diligently working and growing herbs and this hasn't changed to this very day.

István, the Holy King

King Stephen was a contradictory figure in both Hungarian, and church history. "Stephanus Rex" or King Stephen ruled and christened the pagan Hungarians with an iron fist, those who were used to living their lives in freedom and choosing their own leaders, loving the way they robbed and pillaged in the West. However, the age of adventures came to an end and the country had to make itself acceptable in the eyes of the strong western countries, otherwise the Hungarians would be doomed. István was right to think that if his country became the bastion of the West in the face of the East, they would be accepted and would receive a lot of support from them.

Let's just say that not everyone agreed with his views. The followers of the ancient Hungarian religion and their priests, the táltos' and even the peasants who were *forced to give up their nomadic lives and till the land, all loathed the foreign missionaries. However, there were no Hungarian priests yet and the first generation of missionaries consisted of foreigners. István built churches and practically put the country to fire and sword in order to spread the new faith, making many enemies in the process. This man of small stature yet strong willpower often risked his own life in the process. There were a number of attempts on his life and much of the country rebelled against him, attacking the king with armed forces, but he defeated all resistance. Still, in his work entitled "Counsels", he gave the following advice to his son who was destined to become the king: "Rule gently, humbly and peacefully without wrath or anger! Charity is the brightest jewel of a king's crown."*

A szent király, István

Ellentmondásos alakja a magyar történelemnek, de az egyháznak is. „Stephanus Rex", azaz István király vaskézzel fegyelmezte és térítette a pogány magyarokat, akik megszokták a szabad életet, hogy maguk választják a vezéreiket, és tetszett nekik, hogy végigrabolhatják a Nyugatot. De a kalandozásoknak befellegzett, az országnak el kellett fogadtatnia magát az immár erős nyugati országokkal, vagy vége lesz a magyaroknak. István jól látta: ha országa a Nyugat védőbástyája lesz a Kelettel szemben, akkor befogadják őket, elnyernek egyfajta szolidaritást és jelentős támogatást.

Der Heilige Stephan

Er ist eine widerspruchsvolle Figur in der ungarischen Geschichte und auch in der Kirche. Die Ungarn, die an das freie Leben, an die freie Wahl ihrer Fürsten gewöhnt waren, und den Westen mit Vorliebe plünderten, wurden von „Stephanus Rex", König Stephan mit eiserner Faust bekehrt und zum Gehorsam gezwungen. Die Zeiten der Streifzüge waren vorbei, und das Land musste von den starken Staaten anerkannt werden, um zu überleben. König Stephan erkannte, dass Ungarn zur Bastion des Westens gegen den Osten werden muss, um in Europa aufgenommen zu werden, und um Solidarität und Unterstützung zu bekommen. Viele waren gegen diese Idee. Die Anhänger der uralten ungarischen Glaubenswelt, die Schamanen (ungarisch: táltos) und die Bauern, die ihre nomadische Lebensweise zugunsten des Ackerbaus aufgeben mussten, lehnten die Bekehrung durch fremde Priester kategorisch ab. Es gab noch keine ungarischen Priester, deshalb konnte die erste Generation der Missionare nur aus Fremden bestehen. König Stephan ließ Kirchen bauen, und verbreitete den neuen Glauben mit Eisen und Feuer, womit er sich viele zum Feind machte. Der König, der von kleiner Gestalt war, aber einen starken Willen hatte, setzte oft auch sein Leben aufs Spiel. Es gab viele Attentate gegen ihn, das Land befand sich in Aufruhr, er musste die Königsmacht gegen aufständische Heere verteidigen, aber er schlug den Widerstand nieder. Nachdem er seine Gegner besiegt hatte, schrieb er in seinen "Ermahnungen" an seinen Sohn folgendes: "Deine Herrschaft soll mild, demütig und friedlich sein, ohne Wut und Hass! Die schönsten Juwelen der Königskrone sind die Wohltaten."

Enyhén szólva nem mindenki értett vele egyet. Az ősi magyar vallás hívei, azok papjai: a táltosok, de még a nomád életről a földművelésre szorított parasztok is berzenkedtek az idegen térítőktől. Ám magyar papok még nem voltak, a térítők első nemzedéke eleve csak idegenekből állhatott. István templomokat építtetett, szinte szó szerint tűzzel-vassal terjesztette az új hitet, amivel számos ellenséget szerzett. A kistermetű, de erős akaratú férfi gyakran az életét is kockáztatta. Merényletek követték egymást, lázadt a fél ország, sereggel támadtak a királyi hatalom ellen, ám ő legyőzött minden ellenállást. Miután legyűrte ellenfeleit, „Intelmeiben" így oktatta utódjának jelölt fiát: *„Uralkodjál szelíden, alázattal, békésen, harag és gyűlölködés nélkül! A király koronájának legszebb ékszerei a jótettek."*

A Szent Jobb

István király 1038-ban meghalt. Székesfehérvárott kőszarkofágba temették, és a sírt egy ideig senki sem bolygatta. 1061-ben, polgárháborús időkben a test maradványait egy másik sírba helyezték. 45 évvel István halála után László király elérte a pápánál, hogy elődjét szentté avassák. Az ilyenkor szokásos ünnepélyes, többnapos imákat követő *elevatio*, azaz „felemelés" során a maradványokat felteszik egy templom oltárára, és ezzel megtörténik a szentté avatás.

Már napokkal előbb történtek csodák a templom körül, és a hírre fanatikus tömeg gyűlt egybe. Nos, amikor felemelték a szarkofág fedelét, borzasztó dolgot láthattak: a testről hiányzott a jobb kar! Nem volt nehéz kideríteni, hogy a bűntényt és megszentségtelenítést csak a huszonkét évvel korábbi áthelyezés idején követhették el. Meg is találták a szerzetest, aki akkor ott segédkezett, és állítólag ereklyét akart szerezni a nagy király testéből. Egyszerűen ellopta a király karját, és a családjánál rejtette el. A szentté avatás ettől függetlenül megtörtént.

A következő évben előkerült a király kézfeje. Valaki csuklóból levágta, és már nem volt megállapítható, hol, hogyan, mikor és miért történt mindez. Minden bizonnyal a szerzetes családjában valaki így akarta megmenteni legalább az ereklye egy részét. Csak a mumifikálódott, ökölbe szorított jobb kéz került vissza, de már nem tették be a szarkofágba.

Bécsben, a Szent István-dómban nagy tisztelettel őriznek egy karereklyét. Egyes vélemények szerint a csontmaradvány István király eltűnt karjának egy része, de ezt még senki sem bizonyította be.

A két ereklyét immár több mint 900 éve (!) külön őrzik. A kézfej egy üveghengerbe került, és valaha tettek mellé egy igazoló tanúsítványt is, ami a századok során elveszett. A Szent Jobb – mert már így nevezték – „élete", további története majdnem olyan kalandos, mint a magyar királyi koronáé. Attól eltérően viszont a Szent Jobb történetének vannak teljesen homályos korszakai is: időnként akár száz-kétszáz évre is „eltűnt szem elől", és nem tudni, akkor vajon kik őrizték, és hol.

Időnként aztán ismét felbukkant. Így például senki sem tudja, hogyan került a Szent Jobb Raguzába, azaz a mai Dubrovnikba. Papok őrizték ott, mint ereklyét, egészen az 1700-as évek második feléig, amikor Mária Terézia királynő tudomást szerzett róla, és visszahozatta Magyarországra. 1771 óta a fővárosban őrzik. Jelenleg a pesti Szent István-bazilika egyik kápolnájában látható, és évente egyszer, augusztus 20-án, az ünnepi körmenetben pompás külsőségek közepette végighordozzák. Így, ha távolról is, de megtekinthető.

Die rechte Hand des Heiligen Stephans

1038 starb König Stephan. Er wurde in Székesfehérvár in einem Sarkophag begraben, und das Grab blieb lange Zeit ungestört. 1061, als im Land ein Bürgerkrieg tobte, wurden seine sterblichen Überreste in ein anderes Grab gelegt. 45 Jahre nach dem Tod Stephans konnte König László bei dem Papst die Heiligsprechung Stephans erreichen. Im gebräuchlichen Verfahren werden die Gebeine nach der mehrtägigen Elevatio, d.h. „Erhebung" auf den Altar einer Kirche gelegt, und damit erfolgt die Heiligsprechung. Bereits mehrere Tage vorher geschahen in der Umgebung der Kirche Wunder, und viele fanatische Menschen versammelten sich dort. Als der Sarkophag geöffnet wurde, konnte man etwas Schreckliches sehen: die rechte Hand fehlte! Es war nicht schwer herauszufinden, dass diese Schandtat und Entwürdigung nur bei der Verlegung der Gebeine vor 22 Jahren geschehen konnten. Man fand den Mönch, der bei der Verlegung mithalf und angeblich ein Stück Reliquie vom Körper des großen Königs haben wollte. Er stahl einfach den Arm des Königs und versteckte ihn bei seiner Familie. Das Verfahren der Heiligsprechung wurde beendet.

Im nächsten Jahr wurde die Hand des Königs gefunden. Jemand schnitt sie am Handgelenk ab. Es war nicht mehr festzustellen, wo, wie, wann und warum das passierte. Höchstwahrscheinlich wollte jemand aus der Familie des Mönches wenigstens einen Teil der Reliquie retten. Nur die mumifizierte, zur Faust geballte rechte Hand, die aber nicht mehr in den Sarkophag zurückgelegt wurde, blieb erhalten

Im Wiener Stephansdom wird eine Armreliquie aufbewahrt. Einige meinen, dass der Knochen ein Teil des verschwundenen Armes Stephans ist, aber dies wurde wissenschaftlich noch nicht bewiesen. Die zwei Reliquien werden seit 900 Jahren (!) getrennt aufbewahrt. Die Hand legte man mit einer schriftlichen Bescheinigung, die später verloren ging, in einen gläsernen Behälter.

Das Nachleben, die weitere Geschichte der heiligen rechten Hand, die bald so bezeichnet wurde, ist genauso abenteuerlich, wie die der ungarischen Krone. Die Geschichte der heiligen rechten Hand weist aber einige Lücken auf: Von Zeit zu Zeit verschwand sie für 100-200 Jahre, und niemand weiß, von wem und wo sie aufbewahrt wurde. Dann tauchte sie wieder auf. Es ist z.B. unbekannt, wie die rechte Hand nach Ragusa (heute Dubrovnik) gelangte. Dort wurde sie bis zur zweiten Hälfte des 18. Jh.-s von Priestern als Reliquie verehrt. Als Maria Theresia dies erfuhr, ließ sie sie nach Ungarn zurückbringen.

Seit 1711 ist sie in der ungarischen Hauptstadt, in der Kapelle der Basilika des Heiligen Stephans aufbewahrt. Jedes Jahr wird sie am 20. August in einer Prozession feierlich mitgeführt und zur Schau gestellt. So kann man sie sich ansehen, wenn auch nur von weitem.

The Holy Right Hand

King Stephen died in the year 1038. He was buried in a stone sarcophagus in Székesfehérvár and his rest was undisturbed for a while. In 1061, when the country was ravaged by civil war, his remains were moved to a different tomb. 45 years after the death of Stephen, King Louis managed to get the pope to canonise him as a saint. In the course of the ceremony of "elevatio", or elevation, that took place after several days of prayer, the remains were placed on the altar of the church, canonising him as a saint.

Miracles took place for days around the church and a fanatic crowd gathered when they heard the news. When they removed the lid of the sarcophagus, they saw something terrible: the body was missing its right arm! It wasn't hard to work out that the crime and the desecration had taken place twenty two years before, when they moved the body. They found the monk who assisted in the process and who supposedly wanted to make a relic out of the king's body. He simply stole the king's arm and hid the limb at his family's home. Nevertheless, the ceremony was completed.

In the following year, they found the king's…hand. Someone had cut it off at the wrist but they had no way to determine how, where and when this had happened. It seems like someone in the monk's family wanted to save a part of the relic this way. Only the mummified, clenched fist of the right hand was returned, but they didn't place it back inside the sarcophagus.

In the Saint Stephen cathedral in Vienna, one can find a relic of an arm. According to some, the remains are a part of King Stephen's missing arm, but this has yet to be proved.

The relics were separately guarded for over 900 (!) years. The hand was placed in a glass cylinder along with a certificate of its authenticity, which was lost over the centuries. The "life" of the Holy Right Hand – as they called it – was almost as adventurous as the tale of the Hungarian Royal Crown. However, as opposed to the crown, there are some hazy periods in the tale of the Holy Right Hand: it occasionally disappeared for a hundred or two hundred years, without anyone knowing where it was kept.

Still, it surfaced from time to time. For example, no one knows how the Holy Right Hand ended up in Raguza, the modern-day Dubrovnik. It was kept as a relic by priests until the second half of the 18th century, when Maria Theresa got wind of its existence and made them bring the relic back to Hungary. It has been kept in the capital since 1771. It's currently kept in a chapel of the Saint Stephen Basilica and once a year it's taken out for a festive procession on 20 August, allowing people to see it from a distance.

Der junge Herzog, der Heilige Emmerich

König Stephan hatte mehrere Kinder, aber nur eines von ihnen blieb am Leben: Emmerich (Imre), dessen Leben nur aus Legenden bekannt ist. Er wurde als sanfte, gläubige und wehmütige Persönlichkeit von den unbekannten Autoren dieser Legenden beschrieben. Er war ein hübscher, männlicher, starker junger Mann, der oft jagte, und die körperlichen Anstrengungen gut ertragen konnte. Er lebte in der Zeit der ritterlichen Kultur, schwärmte für die ritterlichen Tugenden, aber er war trotzdem realitätsbewusst. Er war vielleicht nicht mit allen Entscheidungen seines Vaters einverstanden, der bekanntlich als strenger Glaubensverteidiger das Leben anderer oft nicht schonte, wenn es um die Verbreitung des neuen Glaubens und um die Befestigung der königlichen Macht ging. Emmerich sah, wie sein Vater mit den ungarischen Herren, mit den Heiden und mit den zum Ackerbau gezwungenen Bauern umging. Aber der König brachte ihm in seinen „Ermahnungen" viel Schönes und Gutes bei. Der Sohn kannte auch den nachdenkenden, grübelnden König, d.h. zwei verschiedene Welten wirkten auf ihn.

Wahrscheinlich ist es wahr, dass der junge Herzog seine Unschuld bewahrte, aber daraus folgt nicht, dass er Priester oder Mönch werden wollte, oder er sich von der Welt völlig zurückgezogen hatte. Imre war zwar Fanatiker – auch heute sind noch viele Geschichten darüber bekannt –, aber wenn er 1031 auf einer Jagd an einer Wunde, die er bei einem Wildschweinangriff erlitt, nicht gestorben wäre, dann wäre er wahrscheinlich auch so ein starker König geworden, wie sein Vater.

Az ifjú herceg, Szent Imre

István királynak sok gyermeke született, de közülük csak egy fiú marad életben: Imre, akinek életéről szinte csak legendák maradtak fenn. Szelíd, vallásos, borongó léleknek ábrázolták őt a legendás történetek ma már ismeretlen szerzői. Külsőre csinos, férfias, erős fiatalember volt, aki sokat járt vadászni, és a fizikai megterheléseket is jól bírta.

Imre herceg a lovagkor szülötte volt, rajongott a fennkölt eszményekért, ugyanakkor nagyon is reálisan nézte a valóságot. Talán nem mindenben értett egyet az apjával, aki – tudjuk – kemény hitvédőként nem kímélte mások életét, ha az új hit elterjesztéséről, a királyi hatalom megerősítéséről volt szó. A herceg azt is jól látta, ahogyan István király a magyar urakkal, a pogányokkal, a földművelésre kényszerített parasztokkal bánt. De fiának írt „Intelmeiben" mindenféle szép és jó dologra tanította őt. A fiatalember ismerte az elmélkedő, töprengő királyt is, tehát két meglehetősen ellentétes világ hatott rá.

Valószínűleg igaz volt, hogy a fiatal herceg szűzies életet élt, de ebből nem következik, hogy pap vagy szerzetes akart lenni, vagy hogy elvonult volna a világtól. Imre ugyan vallási fanatikus volt – máig élnek az erről szóló történetek –, de ha 1031-ben egy vadászaton nem támadja meg egy sebesült vadkan, és nem hal bele a sérüléseibe, akkor minden bizonnyal apjához hasonló keménykezű uralkodó vált volna belőle.

The young prince, Saint Imre

King Stephen had many children, but only one survived: Imre. However, there are only a few legends left about his life. In these tales, he was depicted as a gentle, religious, melancholic soul. He was a handsome, strong man, who hunted a lot and who coped well with physical strain. Prince Imre was a product of the age of chivalry, who adored poetry yet still had a realistic view of his surroundings.

Perhaps he didn't agree with his father on all matters, who – as we now know – didn't spare other people's lives in the course of spreading the new faith and fortifying his royal power. The prince was also right about the way King Stephen dealt with the Hungarian lords, the pagans and the peasant forced to farm the land. Still, his "Counsels" for his son show that he taught him about nice and good things. The young man was thus aware of the contemplative, pensive king as well and these two opposite worlds both had an effect on him. It was probably true that the young prince led a chaste life, but this doesn't mean he wanted to become a priest or a monk and to shun the world around him. Although Imre was a religious fanatic – we have a number of tales about this to this very day – but if he hadn't been attacked by a wounded boar during a hunting fray in 1031 and if he hadn't perished from his injuries, he would have probably ruled the country with a firm hand, just like his father.

Szent Gellért, a mártír

A későbbi magyarországi püspök Velencében született, és ötéves korától a San Giorgio-szigeti bencések nevelték. Húsz évvel később már a kolostor főnöke volt. Zarándokútra indult a Szentföldre, aztán egy tengeri vihar előbb Isztriába térítette, ahonnan magyar papok rábeszélésére 1015-ben végül is magyar földre érkezett. Itt is voltak térítésre váró pogányok...

István király rábízta az akkor nyolcéves fia, Imre nevelését, majd egyházmegyét kellett szerveznie. István király halála után a szintén velencei Orseolo Péter lett a király, akivel a közös származási hely ellenére Gellért sok dologban nem értett egyet, így nem is tudtak együttműködni. Vannak arra utaló jelek, hogy akkoriban már sokat gondolt a mártírhalálra, és valósággal kereste az alkalmat, hogy életét adhassa hitéért. Amikor a Vata-féle pogánylázadás kitört, Gellért szinte elébe ment az eseményeknek. Kocsin utazott több napon át, hogy találkozzon a féktelen sereggel. A pogányok a papi csuha láttán valóságos őrjöngésben törtek ki. A ma Gellértről elnevezett hegy lábánál megrohanták a püspököt és kísérőit, akik közül többen próbáltak menekülni.

Gellért haláláról többféle legendás történetet ismerünk. Az egyik szerint kordéhoz kötözve felvonszolták a hegyre, majd a mélybe lökték. Más, megbízhatóbb források szerint lándzsával döfték át a testét, a fejét kővel szétverték. Egy hosszú, Velencétől Budáig tartó kanyargós életút végén így lelte halálát a magyarok püspöke.

Der Heilige Gellért (Gerhard), der Märtyrer

Gellért, der spätere Bischof von Ungarn, wurde in Venedig geboren und seit seinem fünften Lebensjahr von den Benediktinern auf der Insel San Giorgio erzogen. Nach 20 Jahren war er schon der Abt des Benediktinerklosters. Er brach zur Pilgerfahrt ins Heilige Land auf, aber ein Seesturm trieb ihn nach Istrien, von wo er auf Einladung der ungarischen Priester im Jahre 1015 nach Ungarn kam. Hier gab es auch Heiden genug, die er bekehren konnte. König Stephan beauftragte ihn mit der Erziehung von Imre, seinem achtjährigen Sohn, dann mit der Errichtung einer Diözese.

Nach dem Tod von Stephan bestieg Peter Orseolo aus Venedig den ungarischen Thron, mit dem Gellért trotz der gemeinsamen Herkunft in vielen Sachen nicht einverstanden war, und nicht zusammenarbeiten konnte. Es gibt Anzeichen dafür, dass der Bischof damals schon viel an den Märtyrertod dachte, und jede Gelegenheit nutzte, um sich für seinen Glauben zu opfern. Als der Heidenaufstand ausbrach, ging er den Ereignissen voran. Er reiste tagelang, um sich mit den Aufständischen zu treffen. Als die Heiden das Priestergewand erblickten, rasten sie vor Wut. Am später nach ihm benannten Gellértberg griffen sie den Bischof und seine Begleiter an, von denen einige zu fliehen versuchten.

Viele Legenden wurden über den Tod von Gellért überliefert. In einer wird erzählt, dass er an einen alten Wagen gefesselt, auf den Berg geschleppt und von da aus in die Tiefe gestürzt wurde. Nach anderen, zuverlässigeren Quellen wurde er mit einer Lanze getötet und sein Kopf wurde mit Steinen zerschlagen. So fand der Bischof von Ungarn nach einem langen Weg von Venedig bis nach Buda endlich den Tod.

Saint Gellért, the martyr

The subsequent bishop of Hungary was born in Venice and raised by the Benedictine monks of the San Giorgio Island from the age of five. Twenty years later, he became the head of the monastery. He went on a pilgrimage to the Holy Land, but due to a storm on the sea, had to make a detour to Istria, from where Hungarian priests convinced him to come to Hungary in the year 1015. There were plenty of pagans waiting to be christened here...

King Stephen entrusted him with educating his eight-year-old son, Imre and then with organising a diocese. Following the death of King Stephen, Peter Orseolo – who was also a Venetian – became the king, yet despite their similar backgrounds, he had many disputes with Gellért and thus they were unable to cooperate. There are some signs to indicate that the bishop was already thinking a great deal about dying as a martyr and that he was practically searching for opportunities to forsake his life for his fate.

When the Vata rebellion broke out, Gellért practically forestalled the events. He travelled by cart for days to meet the frenzied army. The pagans went into a frenzy when they saw his monk's habit. Gellért and his entourage – a number of whom tried fleeing – were attacked at the foot of the hill that still bears his name to this very day.

There are a number of legendary tales concerning the death of bishop Gellért. According to one of these tales, they tied him to a small cart and dragged him up to the top of the hill and then pushed the cart over the edge. According to other, more reliable sources, his body was stabbed with spears and his head was beaten to a pulp with rocks. This is how the bishop of the Hungarians died after a long life, leading him from Venice to Buda.

Die Nonne auf der Insel

Margareta war eine Tochter des ungarischen Königs Béla IV. und einer griechischen Prinzessin. Als die Tataren Ungarn überfielen, musste der König mit seiner schwangeren Frau nach Dalmatien fliehen, von wo er nur wegen des Meeres nicht weitergehen konnte. Er hätte nicht geglaubt, dass ihm die Mongolen auch dorthin folgen. Nur die kleinen Inseln und die starken Burgmauern konnten ihn schließlich retten. In dieser tragischen Lage kam Margareta zur Welt. Ihre Eltern legten das folgende Gelübde ab: wenn das Land von den Tataren befreit wird, weihen sie ihr Kind dem Dienst Gottes. Als Margareta noch ein kleines Kind war, errichtete ihr Vater ein Dominikanerkloster für Nonnen auf der Haseninsel in Buda, die heute den Namen von Margareta trägt. Die Königstochter widmete sich vollkommen dem Klosterleben und lehnte sogar zwei Könige ab, die um ihre Hand warben. Sie trug Wasser aus dem Brunnen, Feuerholz in die Küche, machte den Abwasch und diente ihren Mitschwestern, während sie ständig betete. Niemand und nichts konnten ihren Glauben brechen. "Sie war demütiger, als die Dienstmädchen" –wurde über sie gesagt. Sie führte ein aufopferungsvolles Leben, diente und half den anderen. Ihr Lebensmotto beinhaltete einfache Grundsätze, durch die sie die evangelische Vollkommenheit zu erreichen suchte: „ Gott lieben – mich selbst verachten – niemanden hassen – niemanden verurteilen." Nicht nur liebte sie Gott, sie widmete sich ganz der Verehrung Gottes. Kein Wunder, dass das Verfahren zu ihrer Heiligsprechung sofort nach ihrem Tod mit 28 Jahren eingeleitet wurde. Margareta verdiente es – sie wurde schon zu Lebzeiten als Heilige verehrt.

Apáca a szigeten

IV. Béla király volt az apja, egy görög hercegnő az anyja. A tatárdúlás idején Béla király állapotos feleségével és egész udvarával Dalmáciába menekült, ahol csak a tenger állította meg. Nem hitte volna, hogy a tatárok oda is követik! Végül csak a szigetek és erős várfalak védték meg őt. Ebben a tragikus helyzetben született meg Margit hercegnő. Szülei fogadalmat tettek: ha a tatárok kitakarodnak az országból, akkor Margitot egyházi szolgálatra adják. Bár még kicsi gyermek volt, apja már Domonkos-rendi apácákat telepített a budai vár alatti Nyulak szigetére, amely ma nem véletlenül viseli Margit nevét.

A királylány annyira megszerette a kolostori életet, hogy amikor két királyi kérője is akadt, visszautasította őket. Margit tovább hordta a vizet a kútról, a tűzifát a konyhába, mosogatott és szolgálta társait, miközben nap mint nap sokat imádkozott. A hitében semmi és senki nem ingathatta meg.

„Alázatosabb, mint a szolgálólányok" – mondták róla. Önfeláldozó módon élt, másokat szolgálva és segítve. Alapelve egyszerű tételekből állt, ami által elérte az evangéliumi tökéletességet: „Istent szeretni – magamat megvetni – senkit meg nem utálni – senkit meg nem ítélni." Nemcsak szerette Istent, de önmagát teljesen felajánlotta neki.

Nem csoda, hogy huszonnyolc évesen bekövetkezett halála után szinte azonnal megindult a szentté avatási eljárás (bár hivatalosan csak 1943-ban avatták szentté). Margit minden bizonnyal meg is érdemelte – már életében szentté vált.

A nun on the island

Her father was the daughter of King Béla IV, and her mother was a Greek princess. At the time of the Mongol invasion, King Béla fled to Dalmatia with his pregnant wife and his court, where they stopped on the shores of the sea. He had no idea the Tatars would follow him to such lengths! In the end, they were saved by the islands and the fortified walls of the castle. Princess Margaret was born in the midst of such dire circumstances. Her parents vowed to offer their daughter to church service once the Tatars left the country. When she was a young child, her father gave the Island of Rabbits close to the Buda castle to Dominican nuns, which now bears Margaret's name – for a reason. The young girl grew so fond of the life at the monastery that she rebuked her royal suitors. Margaret continued to carry water from the well and firewood for the hearth, washing and serving her companions, while praying day after day. Nothing and no one could shake her faith. They said she was "humbler than a maid". She lived a life of self-denial, serving and helping others. Her credo was built on simple principles, allowing her to achieve the perfection of the Gospels: "Love God – despise myself – hate no one – judge no one." Not only did she love God, she dedicated herself completely to his worship. It's no wonder that her canonisation began as soon as she died at the age of twenty-eight (although she was only officially made a saint in 1943). Margaret surely deserved this, since she made herself a saint while she was still alive.

Szent Erzsébet

„Hajnalcsillag a ködben." Egy német szerzetes-krónikás nevezte el így a magyar király, II. András lányát, IV. Béla húgát, akit már gyermekkorában összeboronáltak egy német uralkodócsalád fiával, Thüringiai Lajossal. Wartburg várában nevelték fel a kis királylányt, hogy ismerkedjen a német szokásokkal.

Nagyon más volt, mint a környezete. Először azt hitték, azért, mert „keletről jött barbár", de kiderült, hogy másról van szó. Már kislányként is nagyon vallásos volt, olykor abbahagyta játékait, és elment „Istent szeretni", azaz imádkozni. Mindenkit magával egyenrangúnak tekintett, grófkisasszonyok helyett szegény parasztgyerekekkel barátkozott. Többször vissza akarták küldeni Magyarországra, de akkor a hozományt is vissza kellett volna adni vele – hát maradhatott…

A vallásos életet és a jótékonykodást akkor is folytatta, amikor feleség lett. A wartburgi uralkodócsalád haragját kiváltva a vagyona egy részét is szétosztotta a szegények között. A férje zarándokútra indult a Szentföldre, de útközben meghalt. A család nem tűrte meg Erzsébetet: kidobták a kastélyból. Gyermekeivel a szegények között húzta meg magát. Eladta megmaradt ékszereit, kórházat rendezett be a szegényeknek, ahol ő volt az egyik ápolónő. Távoli vidékekről is tódultak hozzá a rászorulók, hiszen messze szállt a hír, hogy egy igazi királyné szolgálja a betegeket, és közben csodálatos gyógyulások történnek.

Mindössze 24 éves volt, amikor meghalt.

„Stern im Nebel" – die Heilige Elisabeth von Thüringen

Ein deutscher Mönch und Chronist nannte so die Tochter des Ungarischen Königs Andreas II., und die Schwester von Béla IV, die schon als Kind mit Ludwig von Thüringen, dem Sohn einer mächtigen deutschen Familie verlobt war. Sie wurde auf der Wartburg erzogen, um die deutschen Gewohnheiten kennen zu lernen. Sie war völlig anders, als ihre Umgebung. Zuerst schrieb man dieses Anderssein ihrer "barbarischen Herkunft" zu, aber es stellte sich bald heraus, dass es hier um etwas anderes geht. Sie war sehr fromm, manchmal hörte sie mit dem Spielen auf und ging weg, um "Gott zu lieben", d.h. zu beten. Sie betrachtete alle als mit ihr gleichrangig, ihre Freunde waren keine Grafentöchter, sondern eher Bauernkinder. Man wollte sie mehrmals nach Ungarn zurückschicken, aber dann hätte man auch die Mitgift zurückgeben müssen, deshalb durfte sie bleiben…

Nach ihrer Heirat setzte sie ihr frommes Leben und ihre Wohltätigkeitsarbeit fort. Sie teilte einen Teil ihres Vermögens unter den Armen auf, was den Zorn der Familie erregte. Ihr Mann brach zur Pilgerfahrt ins Heilige Land auf und starb auf dem Weg. Die Familie duldete Elisabeth nicht mehr und sie musste die Burg verlassen. Sie lebte mit ihren Kindern unter den Armen. Sie verkaufte ihre Schmuckstücke und richtete einen Spital ein, wo sie als Krankenschwester arbeitete. Aus großer Entfernung kamen die Bedürftigen zu ihr, denn es sprach sich bald herum, dass die Kranken von einer richtigen Königstochter gepflegt werden, und wundersame Heilungen passieren. Sie war erst 24 Jahre alt, als sie starb.

"The morning star in the mist" – Saint Elizabeth

This is how a German monk-chronicler called the daughter for King András II, the sister of King Béla IV, who was joined with the son of the German ruling family, Louis of Thuringia. The princess was raised in the castle of Wartburg so she would get acquainted with German customs.

She was different than her surroundings. At first, they assumed this is because she's "a barbarian from the east", but it turned out this wasn't the case. She was deeply religious as a child, and occasionally stopped playing and went to "love God" or pray. She regarded everyone as her equal and instead of playing with the daughter of earls, she chose to play with poor peasant children. They wanted to send her back to Hungary on several occasions, but then they would've had to send back her dowry as well – so she could stay…

Her religious life and charitable continued when she married her husband. She evoked the wrath of the family of the reigning house of Wartburg by distributing her wealth amongst the poor. Her husband went on pilgrimage to the Holy Land, but perished during his travels. The family wouldn't tolerate Elizabeth: she was thrown out of the palace. She took refuge amongst the poor with her children. She sold the rest of her jewelry and established a hospital for the poor where she worked as one of the nurses. The needy traveled long distances, since the news spread that the patients were tended by a real queen with miraculous cases of healing. She was only 24 years old when she passed away.

„Méltó régi nagy híréhez”

"Worthy of its old, great honour" – *„Des alten, großen Ruhmes würdig"*

The Old Map at a Glance

It was quite a shock for the Hungarians to lose nearly three-quarters of their country, forcing millions of Hungarians to live beyond the borders of their homeland! This is well demonstrated by the fact that this anguish still lasts to this very day.

On the old map of the country, once can identify sixty-three counties: Bács-Bodrog, Pozsega, Torontál, Beszterce-Naszód, Szolnok-Doboka, Gömör-Kishont, Belovár-Kőrös, Varasd és Verőcze, Krassó-Szörény, Szerém, and Lika-Krbava County were all part of the countries of the Hungarian Holy Crown, which stretched from the Lower Danube up to Árva at the modern-day Slovakian-Polish border, from Fiume to Brasov in the south. At the time, Hungary was bordered by Silesia, Bukovina, the Adriatic Sea and Bosnia. This fabled country encompassed all lands surrounding the Carpathian range of mountains.

Its rivers sprang from inside the country and not from some foreign land – often polluted – as they do nowadays. The public roads and railways served this grand country and its inhabitants. When they severed off the edges the country, painfully and deeply cutting into the country, a number of roads and railway lines were no longer used. Mines and raw materials became foreign properties, whilst the processing factors were left in Hungary… The worst part, however, was that what was a full and complete unit in the past became maimed and unserviceable – this is still true in some parts of the country. Looking at the maps, one has a sense of the grandness of the Hungarian homeland, making one long for the old borders. Today, this is helped by the European Union, which has eliminated the borders of the country.

Pillantás egy régi térképre

Mekkora sokk volt a magyarok számára az ország majd' háromnegyedének elvesztése, és hogy több millió magyar rekedt a határokon kívül! Jelzi, hogy ez a fájdalom máig nem csillapult.

A régi térképeken hatvanhárom vármegyét láthatunk: Bács-Bodrog, Pozsega, Torontál, Beszterce-Naszód, Szolnok-Doboka, Gömör-Kishont, Belovár-Kőrös, Varasd és Verőcze, Krassó-Szörény, Szerém vagy Lika-Krbava megye mind a Magyar Szent Korona országainak része volt, amely az Al-Dunától fel a mai szlovák–lengyel határhoz közeli Árváig, Fiumétól Brassóig terjedt. Hazánk akkoriban Sziléziával, Bukovinával, az Adriai-tengerrel, Boszniával volt határos.

Az a mesebeli ország belesimult a Kárpátok ívébe. Folyói a saját területén születtek, nem idegen földről – sokszor szeny-nyezetten – áradtak be, mint most. A közutak és a vasutak hálózata a nagy országot és annak lakóit szolgálta ki. Amikor mindebből lekanyarították a széleket, itt-ott különösen fájdalmasan és mélyen belevágva – értelmét veszítette sok út és vasútvonal. Bányák és nyersanyaglelőhelyek lettek egyszerre külfölddé, miközben Magyarországon maradtak a feldolgozó gyárak… De a legrosszabb az volt, hogy ami akkori méreteiben egységes volt, az csonka lett, néhány területen máig működésképtelen.

Aki a régi térképeket nézegeti, láthatja, milyen nagy volt a magyarok hona, és óhatatlanul a régi határok után vágyakozik. Ma segít ebben az Európai Unió, amely ismét „határtalanná" teszi hazánkat is.

⋏ *Árva vára. Közép-Európában nincs még egy ilyen szép fekvésű vár • The castle of Árva. There is no other castle in Central Europe that is so well positioned. • Burg Árva. In Mitteleuropa gibt es keine andere Burg, deren Lage so schön wäre.*

➤ Komárom – erőd. A vár felirata szerint ezen erődítményt ellenség sohasem vette be – se csellel, sem erővel • Komárom – fort. According to the inscription on the castle wall, the fort was never taken by enemies – either by force or cunning • Festung Komárom. Auf der Aufschrift der Burg steht, dass diese Festung noch von keinem Feind eingenommen werden konnte – weder mit List noch mit Kraft.

Blick auf eine alte Landkarte

Es war ein schwerer Schock für die Ungarn, dass sie drei Viertel des Staatsgebietes verloren, und mehrere Millionen Ungarn vom Mutterland abgetrennt wurden! Sie haben sich von diesem Trauma bis heute nicht erholt. Auf den alten Landkarten sind 63 Burgkomitate zu sehen: Die Komitate Bács-Bodrog, Pozsega, Torontál, Beszterce-Naszód, Szolnok-Doboka,

Gömör-Kishont, Belovár-Kőrös, Varasd und Verőcze, Krassó-Szörény, Szerém, oder Lika-Krbava gehörten zu Ungarn, dessen Staatsgebiet sich von der unteren Donau bis nach Árva an der slowakisch-polnischen Grenze, von Fiume bis nach Kronstadt (Brassó) erstreckte. Ungarn grenzte damals an Schlesien, an die Bukowina, an das Adriatische Meer und an Bosnien. Dieses märchenhafte Land war in den Bogen der Karpaten eingebettet. Die Flüsse entsprangen auf seinem eigenen Territorium, und flossen nicht –wie heute – verschmutzt aus fremden Ländern herein. Die Landstraßen und Eisenbahnlinien waren auf das große Land und dessen Bewohner abgestimmt. Als die Ränder – schmerzhaft tief - abgeschnitten wurden, wurden viele Straßen und Eisenbahnlinien nutzlos. Die Bergwerke und die Rohstoffreserven gehörten plötzlich dem Ausland, während die Verarbeitungsbetriebe in Ungarn blieben. Am schlimmsten war die Verstümmelung eines einheitlichen Gebietes, was viele Bereiche bis heute funktionsunfähig machte. Wer sich die alten Landkarten ansieht, kann sehen, wie groß einst das Land der Ungarn war, und sehnt sich nach den alten Grenzen. Die Europäische Union hilft diese Grenzen abzubauen.

➤ Pozsony – Szent Márton-dóm. A dóm tornyán látható aranyozott Szent Korona arra utal, hogy a templom évszázadokig szolgált a magyar királyok koronázóhelyeként • Pozsony (Bratislava) – Saint Martin cathedral. The golden Holy Crown on the tower of the cathedral indicates that the cathedral served as the coronation site of Hungarian kings for centuries. • Pozsony (Pressburg) – Martinsdom. Die vergoldete Heilige Krone an der Spitze des Kirchenturms weist darauf hin, dass die Kathedrale Jahrhunderte lang als die Krönungsstätte der ungarischen Könige diente.

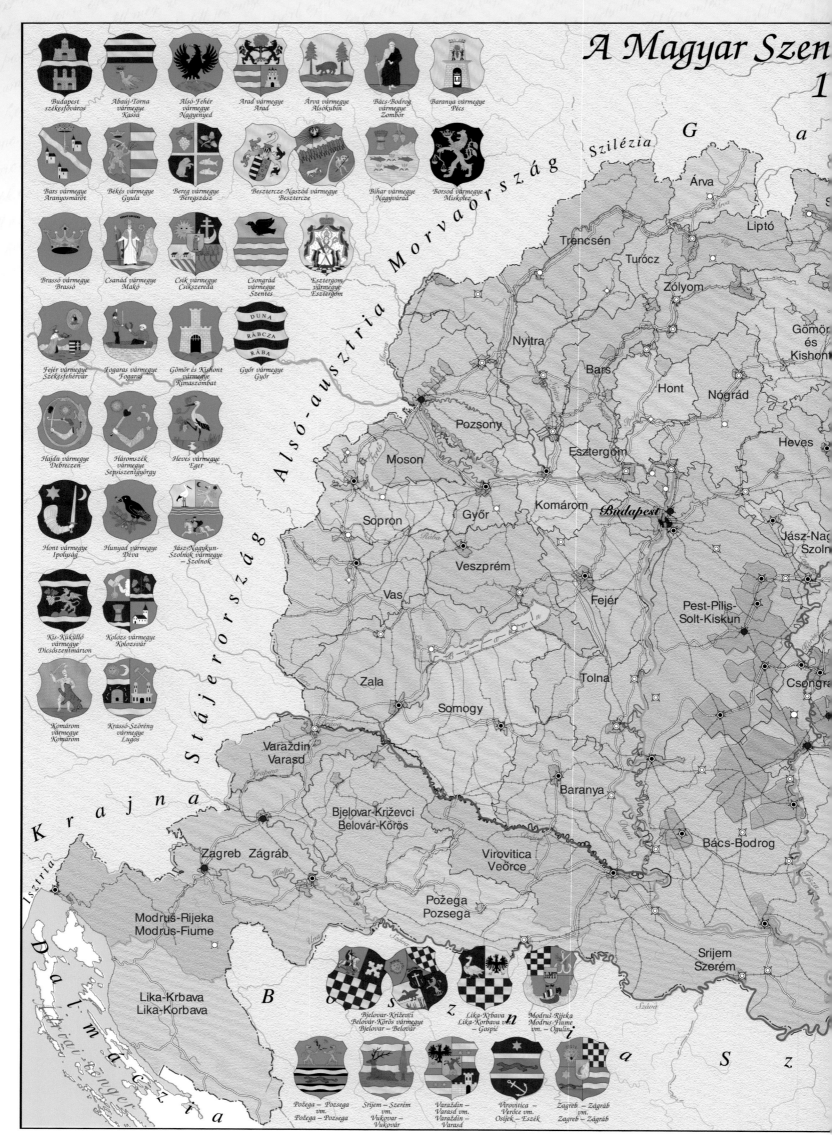

A Magyar Szen
1

G a

Szilézia

Morvaország

Alsó-ausztria

Stájerország

Krajna

Isztria

Dalmácia

Árva

Liptó

Trencsén

Turócz

Zólyom

Gömör és Kishont

Nyitra

Bars

Hont

Nógrád

Pozsony

Esztergom

Heves

Moson

Komárom

Budapest

Jász-Nagy Szoln

Sopron

Győr

Veszprém

Fejér

Pest-Pilis-Solt-Kiskun

Vas

Zala

Tolna

Csongr

Somogy

Varaždin
Varasd

Baranya

Bjelovar-Križevci
Belovár-Körös

Bács-Bodrog

Zagreb Zágráb

Virovitica
Veőrce

Srijem
Szerém

Požega
Pozsega

Modruš-Rijeka
Modruš-Fiume

Lika-Krbava
Lika-Korbava

B o s z n i a S z

Coat of arms labels (top section):
- Budapest székesfőváros
- Abaúj-Torna vármegye Kassa
- Alsó-Fehér vármegye Nagyenyed
- Arad vármegye Arad
- Árva vármegye Alsókubin
- Bács-Bodrog vármegye Zombor
- Baranya vármegye Pécs
- Bars vármegye Aranyosmarót
- Békés vármegye Gyula
- Bereg vármegye Beregszász
- Beszterce-Naszód vármegye Beszterce
- Bihar vármegye Nagyvárad
- Borsod vármegye Miskolez
- Brassó vármegye Brassó
- Csanád vármegye Makó
- Csík vármegye Csikszereda
- Csongrád vármegye Szentes
- Esztergom vármegye Esztergom
- Fejér vármegye Székesfehérvár
- Fogaras vármegye Fogaras
- Gömör és Kishont vármegye Rimaszombat
- Győr vármegye Győr
- Hajdu vármegye Debreczen
- Háromszék vármegye Sepsiszentgyörgy
- Heves vármegye Eger
- Hont vármegye Ipolyság
- Hunyad vármegye Déva
- Jász-Nagykun-Szolnok vármegye – Szolnok
- Kis-Küküllő vármegye Dicsőszentmárton
- Kolozs vármegye Kolozsvár
- Komárom vármegye Komárom
- Krassó-Szörény vármegye Lugos

Coat of arms labels (bottom section):
- Bjelovar-Križevci Belovár-Körös vármegye Bjelovar – Belovár
- Lika-Krbava Lika-Korbava vm – Gospić
- Modruš-Rijeka Modruš-Fiume vm. – Ogulin
- Požega – Pozsega vm. Požega – Pozsega
- Srijem – Szerém vm. Vukovar – Vukovár
- Varaždin – Varasd vm. Varaždin – Varasd
- Virovitica – Veőrce vm. Osijek – Eszék
- Zagreb – Zágráb vm. Zagreb – Zágráb

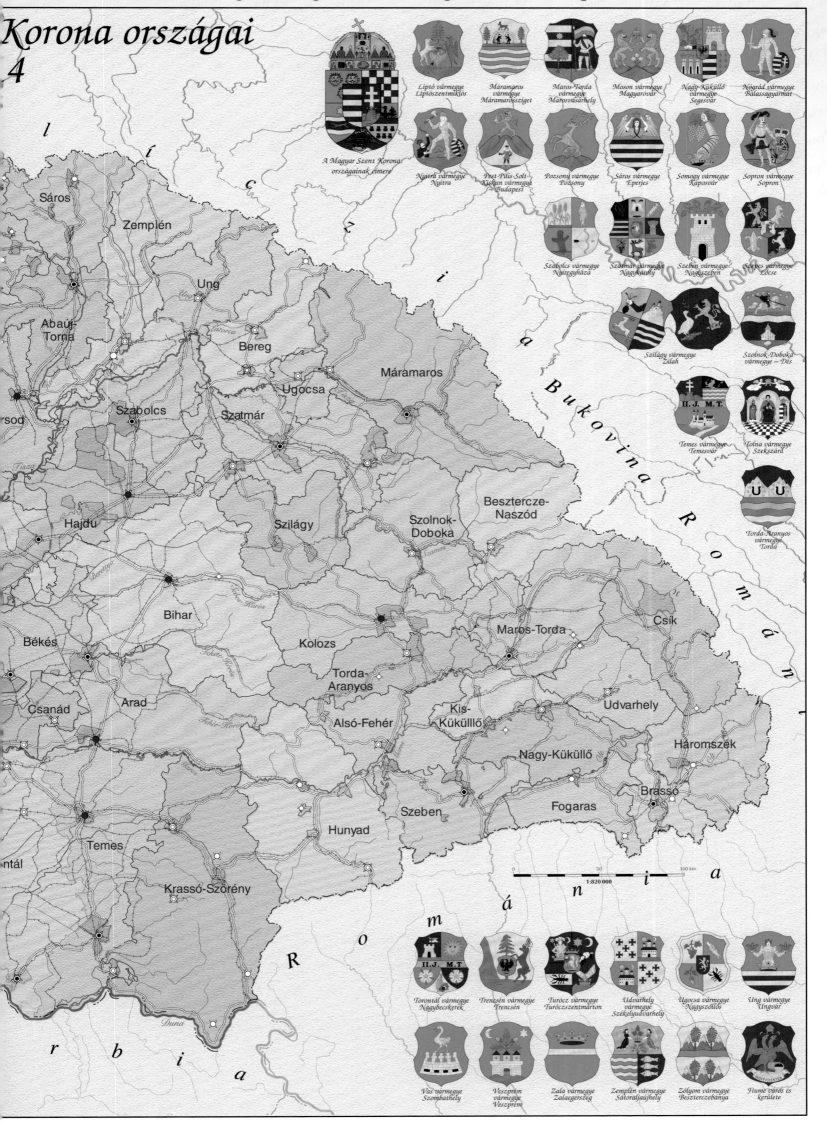

The 63 counties of the Hungarian Kingdom and the 8 counties of the Croat-Slavonic Kingdom

Die 63 Komitate des Königreichs Ungarn und die 8 Burgkomitate des Königreichs Kroatien und Slawonien

Korona országai
4
A Magyar Szent Korona országainak címere
Liptó vármegye Liptószentmiklós
Máramaros vármegye Máramarossziget
Maros-Torda vármegye Marosvásárhely
Moson vármegye Magyaróvár
Nagy-Küküllő vármegye Segesvár
Nógrád vármegye Balassagyarmat
Nyitra vármegye Nyitra
Pest-Pilis-Solt-Kiskun vármegye Budapest
Pozsony vármegye Pozsony
Sáros vármegye Eperjes
Somogy vármegye Kaposvár
Sopron vármegye Sopron
Szabolcs vármegye Nyíregyháza
Szatmár vármegye Nagykároly
Szeben vármegye Nagyszeben
Szepes vármegye Lőcse
Szilágy vármegye Zilah
Szolnok-Doboka vármegye – Dés
Temes vármegye Temesvár
Tolna vármegye Szekszárd
Torda-Aranyos vármegye Torda
Torontál vármegye Nagybecskerek
Trencsén vármegye Trencsén
Turócz vármegye Turóczszentmárton
Udvarhely vármegye Székelyudvarhely
Ugocsa vármegye Nagyszőllős
Ung vármegye Ungvár
Vas vármegye Szombathely
Veszprém vármegye Veszprém
Zala vármegye Zalaegerszeg
Zemplén vármegye Sátoraljaújhely
Zólyom vármegye Beszterczebánya
Fiume város és kerülete
l í c z i a
Bukovina
Románia
Szerbia
Sáros
Zemplén
Ung
Abaúj-Torna
Bereg
Máramaros
Ugocsa
Szabolcs
Szatmár
Hajdu
Szilágy
Beszterczе-Naszód
Szolnok-Doboka
Bihar
Kolozs
Maros-Torda
Csík
Békés
Torda-Aranyos
Arad
Csanád
Alsó-Fehér
Kis-Küküllő
Udvarhely
Háromszék
Nagy-Küküllő
Brassó
Fogaras
Szeben
Hunyad
Temes
Krassó-Szörény
Tisza
Duna
1:820 000
0 50 100 km

⚑ Bártfa. A város a középkori európai városépítészet élő emléke ma is. • Bártfa (Barjedov). The town is a living memorial to European medieval urban construction • Bártfa (Bartfeld) – Die Stadt weist auch heute die typischen Merkmale des mittelalterlichen europäischen Städtebaus auf.

⚑ Körmöcbánya – főtér. Ebben a városban verték az Európa-szerte becsült körmöci aranyakat. • Körmöcbánya (Kremnica) – main square. The golden coins of körmöc renowned throughout Europe were minted here. • Körmöcbánya (Kremnitz) – Hauptplatz. In dieser Stadt wurden die europaweit geschätzten Goldmünzen geprägt.

⚑ Szepesvár. A legnagyobb várrom Közép-Európában a Szapolyaiak ősi fészke. • Szepesvár. The largest castle ruin in Central Europe was the ancient home of the Szapolyai family.• Szepesvár – die größte Burgruine in Mitteleuropa, der alte Sitz der Szapolyai-Familie

A Kassa – Szent Erzsébet-templom. A középkori magyar gótika leg-
szebb alkotása a bujdosó fejedelem végső nyughelye. • Kassa (Kosice) –
Saint Elizabeth Church. The finest Medieval Hungarian gothic creation
is also the final resting place of the Hungarian prince in hiding. • Kassa
– Dom der Heiligen Elisabeth. Das schönste Werk der mittelalterlichen
ungarischen Gotik, die Grabstätte von Ferenz II. Rákóczi.

A Krasznahorka. Krasznahorka
büszke vára a Rákócziak
korát idézi. • Krasznahorka.
Krasznahorka's proud castle harks
back to the time of the Rákóczis.
• Krasznahorka – die stolze Burg
von Krasznahorka erinnert an die
Zeit von Rákóczi.

◄ Kismarton. Az Esterházyak
kastélya a késő barokk kultúra eu-
rópai léptékű és jelentőségű emléke.
• Kismarton. The Esterházy palace
is a significant European relic of
the late baroque culture. • Kismar-
ton – das Schloss der Eszterházy-
Familie ist ein bedeutendes
Denkmal der Spätbarock-Kultur.

➤ Munkács. A magyar hősiességnek kevés
olyan helye van, mint a Zrínyi Ilona által
három évig védett Munkács. • Munkács.
There are few places that recall the heroics
of the Hungarians as well as the castle of
Munkács, which was defended by Ilona
Zrínyi for three years. • Munkács – das
Symbol der ungarischen Heldenhaftigkeit:
die Burg wurde drei Jahre lang von Ilona
Zrínyi verteidigt.

ISTEN SEGEDEZMÉVEL ÁLLÍTA
TTÁK EZT A KAPUT PÁZFI
GÁSPÁR ÉS NEJE DAVID
MARGIT 1987 JUNIUS 22-ÉN

Szívünk csücske: Erdély

Ha a határok csaknem száz éve politikailag el is választották Erdélyt Magyarországtól, azért lelki értelemben nem szűnt meg az ország részének lenni. Már Szent István idejében éltek itt magyarok.

Aki Erdélyre gondol, látja maga előtt Szovátát és a Medve-tavat, a parajdi sóbányát, a Gyilkos-tó vidékét, fenyveseket, meredek sziklafalakat, zuhogó vízeséseket. Templomok, régi várak, Nagyszeben főtere, Segesvár éjszakai fényei, Déva romjai ezernyi eseményről regélnek. Erdély Vajdahunyad is, Gyulafehérvár is, ahol egykor – százhetven éven át – a majdnem önálló állam fejedelmei uralkodtak. Nagy királyunk, Mátyás Kolozsvárott született – ma már ezt is kevesen tudják.

Ezek a városok magukon viselik soknemzetiségű lakóik keze nyomát, de mindig megmaradtak magyarnak. Erdély – Transsylvania (vagyis „Erdőntúl") – mindig is menedéke volt a vallásháborúktól feldúlt európaiaknak, és munkahelye számos tudósnak. Menekült ide politikus és vallási vezető, üldözött hazafi és nagyszerű mesterember. A történelem eseményei próbatételeknek vetették alá: sok háború tépte ezt a tájat.

Manapság Erdély legnagyobb magyar városa Marosvásárhely. Keményen őrzi magyar jellegét, pedig érezhető az elrománosítási szándék és hatás. De a város sajátos szépsége, hangulata, és a körös-körül hallható szép magyar szó kárpótolja a látogatót. Az itt élőknek pedig erőt és bizakodást adhat.

Transylvania, a special place in our heart

Although the borders politically separated Transylvania from Hungary for almost a hundred years, mentally it's still a part of the country. The region was inhabited by Hungarians as early as the age of Saint Stephen.

When thinking of Transylvania, one usually thinks of Sovata and the Great Bear Lake, the salt mines of Praid, the region surrounding the Red Lake, pine woods, steep cliffs and gushing waterfalls. Churches, old castles, the main square of Sibiu (Nagyszeben), the night lights of Sighisoara (Segesvár), the ruins of castle Deva and thousands of other sights. Transylvania is also about the cities of Hunedoara (Vajdahunyad) and Alba Lulia (Gyulafehérvár) which, for a time – for a period of a hundred and seventy years – was ruled by independent rulers. Matthias, the great king of the Hungarians, was born in Kolozsvár (the modern-day Cluj-Napoca).

These towns all show the signs of their people of varied nationalities, but always remained Hungarian settlements. Transylvania ("beyond the forests") was always a haven for people from war-torn Europe and a working place for a number of scientists. Politicians, religious leaders, wanted patriots and superb artisans all fled to this region. However, history put it through a number of ordeals and the region was often torn apart by wars.

Nowadays, the greatest Hungarian city in Transylvania is Targu Mures (Marosvásárhely). It firmly preserves its Hungarian characteristics, even though one can sense the intention and influence that wishes to turn it into a Romanian town. However, the city's characteristic beauty and atmosphere and the Hungarian words spoken in the region compensate visitors to the city, providing its inhabitants with strength and optimism.

Unser Herzensliebling: Siebenbürgen

Wenn auch Siebenbürgen vor 100 Jahren vom Mutterland politisch getrennt wurde, hörte es im seelischen Sinne nie auf, Teil des Landes zu sein. Bereits zu Zeiten des Heiligen Stephans lebten hier Ungarn, die wie damals als auch heute in der Minderheit waren. Wer an Siebenbürgen denkt, sieht die Stadt Sovata, den Bärensee (Medve-tó), die Salzbergwerke von Salzberg (Parajd), die Umgebung am Mördersee (Gyilkos-tó), die Tannenwälder, die steilen Felsen, die rasenden Stromschnellen vor sich. Kirchen, alte Burgen, der Hauptplatz von Hermannstadt (Nagyszeben), die Nachtlichter von Schäßburg (Segesvár) zeugen von unzähligen Ereignissen. In Siebenbürgen liegen Vajdahunyad (Eisenmarkt) und Gyulafehérvár (Karlsburg), wo einst 170 Jahre lang die Fürsten dieses fast selbständigen Staates herrschten.

Nur wenige wissen, dass unser großer König Mathias in Kolozsvár (Klausenburg) geboren wurde.

Diese Städte wurden von den vielen Nationen, die hier lebten, geprägt, aber sie blieben immer ungarische Städte. Siebenbürgen – Erdély – Transsilvanien (d.h. jenseits der Wälder) bot den Europäern, die vor den Religionskriegen flohen, immer Zuflucht, und war der Arbeitsort von zahlreichen Wissenschaftlern. Hier fanden Politiker und Religionsführer, verfolgte Patrioten und hervorragende Handwerkmeister Zuflucht.

Die historischen Ereignisse stellten dieses Gebiet hart auf die Probe: es wurde von vielen Kriegen heimgesucht. Heute ist Marosvásárhely die größte ungarische Stadt in Siebenbürgen. Die Stadt kämpft hart um die Bewahrung ihres ungarischen Charakters, weil die Absicht zur Rumänisierung und deren Wirkungen stark zu spüren sind. Die eigenartige Schönheit und Atmosphäre der Stadt, sowie die ungarischen Worte, die überall zu hören sind, entschädigen aber den Besucher dafür. Die Stadtbewohner können daraus auch Kraft schöpfen.

⋏ Kolozsvár. Ebben a házban született Mátyás, az igazságos magyar király. • Kolozsvár (Cluj-Napoca). Matthias, the fair Hungarian king was born in this house. • Kolozsvár – In diesem Haus wurde Mátyás, der gerechte ungarische König geboren.

⋏ Gyulafehérvár – székesegyház. Itt nyugszanak az önálló Erdélyi Fejedelemség nagyjai. • Gyulafehérvár (Alba Lulia) – cathedral. The resting place of the great leaders of the Independent Transylvanian Principality. • Gyulafehérvár – Dom. Hier ist die Grabstätte der größten Persönlichkeiten des Fürstentums Siebenbürgen

⋏ Herkulesfürdő. A báj és a patina a Monarchia boldog békeidőire emlékeztet. • Herkulesfürdő (Baile Herculane). The charm and finesse of the town recalls the peaceful age of the Monarchy. • Herkulesfürdő – die Anmut und der Prunk erinnern an die glücklichen Friedenszeiten der Monarchie

⋏ Nagyvárad – I. László szobra a székesegyház előtt. Nagyvárad nem csupán Szent László és Ady városa, de a Partium központja is. • Nagyvárad (Oradea) – the statue of László I in front of the cathedral. Nagyvárad isn't just the city of Saint László and Endre Ady, but also the centre of Partium. • Nagyvárad – die Statue des Heiligen Ladislaus vor dem Dom. Nagyvárad ist nicht nur die Stadt des Heiligen Ladislaus und des Dichters Endre Ady, sondern auch das Zentrum des Partium.

⋏ Déva – várromok. Magos Déva vára az emberi kitartás és alkotóművészet mementója. • Déva – ruins. The high castle of Déva is a memento of human perseverance and creative powers. • Déva – Burgruinen. Die hohe Burg von Déva ist das Denkmal der menschlichen Ausdauer und der Kunst.

⋏ Mádéfalva – emlékmű. A székelység történelmének egyik legtragikusabb mozzanatára utal az obeliszk. • Mádéfalva – memorial. This obelisk is the reminder of one of the most tragic incidents in the history of the Székely people. • Mádéfalva – Denkmal. Der Obelisk weist auf das tragischste Ereignis in der Geschichte der Szekler hin.

⋏ Vajdahunyad vára – lovagterem. A Hunyadiak ősi fészke a középkori lovagvárak legjellegzetesebbike. • Vajdahunyad castle – ball room. The ancient home of the Hunyadi family is one of the most memorable European castles. • Burg Vajdahunyad – Rittersaal. Der alte Sitz der Hunyadi-Familie ist eines der typischsten mittelalterlichen Ritterburgen.

➤ Berethalom – erődtemplom. A világörökség részét is képező erődtemplom az itt élt szászok emlékét őrzi. • Berethalom (Biertan) – fortified church. The fortified church, a world heritage site, has preserved the memory of the Saxons for centuries. • Berethalom (Bierthälm) - Kirchenburg. Sie wurde zum Weltkulturerbe erklärt und ist die Gedenkstätte der Siebenbürger Sachsen.

◀ Segesvár – várnegyed. Segesvár Petőfire emlékeztet, de bármely ország megirigyelheti középkori várnegyedét.• Segesvár (Sighisoara) – castle district. Segesvár reminds us of Petőfi, but any country would be envious of its castle district. • Segesvár – Burgviertel. Segesvár ist die Stadt von Petőfi, aber für jedes Land kann ihr historisches Zentrum beneidenswert sein.

⋏ Csíksomlyó – kegytemplom. A kegytemplom a Kárpát-medencei magyarság legszentebb búcsújáró helye napjainkban is. • Csíksomlyó – favour church. The favour church is still the holiest pilgrimage site for Hungarians in the Carpathian Basin to this very day. • Csíksomlyó – Kirche. Die Kirche ist der heiligste Wallfahrtsort der Ungarn im Karpatenbecken.

Maroknyi székely

Mindenki ismeri a székely anekdotákat, ahol megmutatkozik a nép fiainak szókimondása és csavaros észjárása. A székely ember minden élethelyzetben feltalálja magát… erre tanították őt az elmúlt egy-kétezer év eseményei.

A székely nép eredete rejtélyes, máig nem sikerült megnyugtató, tudományos módon feltárni. Sokféle legenda felbukkant az idők során hun, szittya-szkíta, bolgár-török, onogur és gepida stb. származásról. Az egyetlen biztos és tudományos adat, hogy az első latin krónikák már külön népként említik a székelyeket.

Lehet, hogy volt saját nyelvük is, amit eldobtak a magyar kedvéért? Még azt sem tudjuk, hogy a magyarok előtt, velük együtt, vagy valamivel utánuk érkeztek-e a Kárpát-medencébe…

A székely férfiak gyakorlatilag századokon keresztül mindig katonáskodtak. Az 1200-as évektől kezdve folyton emlegetik őket a krónikák: ott voltak minden magyar háborúban bel- és külföldön. Valaha nem csak itt éltek, ahol ma: a magyarok a nyugati és délnyugati határ mellé is telepítették őket, mint határőröket. Megbízható, éber katonák voltak.

A századok során kiharcolták maguknak, hogy minden székelyt nemesemberként kezeljenek. Mi több, ezt még a Habsburg-királyainkkal is megértették és megígértették, ami nem kis teljesítmény lehetett.

A székelyek saját, erősen katonás közigazgatás alatt éltek, bizonyos fokú – olykor meglepően széles – autonómiát élveztek a magyar állam keretein belül. Nagymértékű volt ez a szabadság, és ők éltek is vele. Ma is szabadságra vágynak, nem vitás. Régen ugyan esküt tettek a mindenkori magyar királynak, hogy hűségesek lesznek hozzá, de csak azután, hogy a király megígérte: mindvégig meghagyja a székely szokásokat és szabadságot.

A székelység olyan szervesen része volt ugyanakkor a magyar társadalomnak, hogy az uraik birtokai kiterjedtek Nagy-Magyarország egyéb területeire, és ez fordítva is igaz volt. Minden kimagasló székely ember rokonságba keveredett az ország vezető arisztokráciájával, más (fő)nemesekkel. Amikor Magyarország egy részét elfoglalta a török, más részét az osztrák Habsburgok, századokon keresztül Erdély maradt a magyar nyelvű művelődés és politikai élet színpada. Itt pedig sok szavuk volt a székelyeknek.

Olykor az erdélyi fejedelem – mint például Bethlen Gábor maga is – a székelyek közül származott, ami aztán életvezetésében, cselekedeteiben, gondolkodásmódjában is megnyilvánult.

Persze, azért a székelyek sem voltak angyalok, és Erdély félig önálló léte alatt is sok súrlódás volt a hatalom emberei és a székelyek között.

A modern időkben is tartják magukat a székelyek. Keményen átvészelnek minden történelmi vihart a szülőföldjükön, de ha elkerülnek más országba, akár más kontinensre is, ott is megállják a helyüket. Ők már csak ilyenek.

A Handful of Székelys

Many people are familiar with Székely anecdotes, showing the outspoken and wily nature of its people. Székely people are inventive to the extreme… they have been forced to adopt this nature over the course of the past one or two thousand years.

The origin of the Székely people is lost in the mists of time and no one has yet managed to find a satisfactory, scientific explanation of their past. A number of legends abound about their Hun, Szittya-Scythian, Bulgarian-Turkish, Onugor and Gepida, etc. origins. The only certain and scientifically verifiable information is that the first Latin-language chronicles already mention them as a separate people.

Perhaps they had a language of their own, which they relinquished for the sake of the Hungarian language? We can't even know for sure if they arrived before, with or after the Hungarians in the Carpathian basin…

The Székely were soldiers for centuries. They are constantly mentioned in the chronicles from the 13th century onwards: they were present in all the internal Hungarian battles as well as in foreign skirmishes. In the past, they lived in other regions, since the Hungarians moved them to the western and south-western border region to guard the borders of the country, as they were trustworthy, vigilant warriors.

Over the course of the centuries, they managed to make people treat all of the Székely as people of noble descent. They even made the Habsburg kings understand and promise this, which was no small feat. They Székely people lived in their own, military administration, enjoying a certain amount of – sometimes surprisingly broad – liberties within the Hungarian state. They had a great degree of freedom and they didn't hesitate to make use of this. It's obvious that they still long for this freedom to this very day. Although they swore fealty to the Hungarian king in the past, they only did so once the king promised to preserve the Székely customs and freedom.

The Székely people were such an intrinsic part of Hungarian society that the lands of their noblemen spread throughout the region of the Hungary kingdom. All of the high-ranking Székely nobles were somehow related to the country's leading aristocracy and a number of top noble families. When a part of Hungary was occupied by Turkish hordes and another part was occupied by the Habsburgs, Transylvania remained the haven of Hungarian culture and political life for centuries. The Székely people obviously had a great influence on this process.

Occasionally, some of the Transylvanian rulers was of Székely origin – for example, Gábor Bethlen –, which was manifested in the way he lived his life as well as his actions and attitude. Of course, the Székely people weren't saints either and there were often conflicts with the authorities even at the time of their half-independent existence in Transylvania. The Székely people still preserve their identity in modern times. They have weathered the storms of history in their homeland, and even if they end up in different countries or continents, they still manage to keep their own. That's just the way they are.

Eine Handvoll Szekler

Alle kennen die Anekdoten der Szekler, in denen sich die Schlagfertigkeit und die pfiffige Denkweise dieses Volkes zeigen. Ein Szekler weiß sich in jeder Lebenssituation zu helfen … das haben sie von den Ereignissen der letzten Jahrtausende gelernt.

Die Herkunft der Szekler ist mysteriös, man konnte sie bisher wissenschaftlich nicht eindeutig aufdecken. Im Laufe der Zeit entstanden viele Theorien über ihre hunnische, skythische, bulgarisch-türkische, onogurische und gepidische usw. Abstammung. Die einzige wissenschaftlich belegte Angabe ist, dass sie in den lateinischen Chroniken schon als selbständiges Volk erwähnt werden. Ob sie eine eigene Sprache besaßen, die sie für das Ungarische aufgegeben haben? Wir wissen nicht einmal, ob sie vor, mit oder nach den Ungarn ins Karpatenbecken gekommen sind. Die Männer der Szekler leisteten im Laufe der Jahrhunderte immer Kriegsdienst. Ab 1200 werden sie in den Chroniken oft erwähnt: Sie kämpften in jedem Krieg, den Ungarn im In- und Ausland führte. Früher lebten sie nicht nur dort, wo heute: die Ungarn siedelten sie als Grenzwächter an der West- und Südwestgrenze.an Sie waren zuverlässige und wachsame Soldaten. Im Laufe der Jahrhunderte konnten sie erkämpfen, dass alle Szekler als Adelige behandelt werden. Sie konnten davon sogar die österreichischen Könige überzeugen und sich ihr Versprechen zusichern, was eine große Leistung war. Die eigene Verwaltung der Szekler war militärisch organisiert, sie besaßen eine bestimmte – manchmal ziemlich umfassende – Autonomie im ungarischen Reich. Sie erhielten Freiheiten, die sie auch völlig ausnutzten. Heute wünschen sie sich ohne Zweifel auch Freiheit. Früher schworen sie einen Treueeid auf den jeweiligen König Ungarns, aber erst dann, wenn der König feierlich versprach, ihnen ihre Bräuche und Freiheiten zu lassen.

Die Szekler waren organischer Bestandteil der ungarischen Gesellschaft, ihre Landbesitze waren überall im ungarischen Königreich zu finden, und umgekehrt galt dies auch. Jeder vornehme Szekler war mit dem hohen Adel des Landes verwandt. Als ein Teil Ungarns von den Türken, einer von den Habsburgern besetzt wurde, war Siebenbürgen das Zentrum der ungarischen Kultur und Politik. Und hier hatten die Szekler einen großen Einfluss. Einige Fürsten von Siebenbürgen, wie z.B. Gábor Bethlen - stammte aus einer Szeklerfamilie, was in seiner Lebensweise, in seinen Taten und in seiner Denkweise zum Ausdruck kam.

Die Szekler waren natürlich keine Engel, und in der Zeit des fast selbständigen Fürstentums gab es auch viele Gegensätze zwischen den Siebenbürger Machthabern und den Szeklern. In den modernen Zeiten ließen sie sich auch nicht unterdrücken. Sie hielten den historischen Schicksalsschlägen stand, und wenn sie in ein fremdes Land oder auf einen anderen Kontinent ziehen, können sie sich behaupten. So sind nun mal die Szekler.

„Hol sírjaink domborulnak”

"Where our burial mounds lie" – „*An den Gräbern ihrer Väter*"

László vs. László

Although László Hunyadi only lived for twenty-four years (1433–1457) he was involved in many adventures. As a teenager, they exchanged him for his father who was in Serbian captivity. He was kept as a hostage until his father freed him with an army of soldiers. At 19 years of age, he became the ispán (steward) of Pozsony (modern-day Bratislava) and at 20 years of age, the bán (political leader) of Croatia and Dalmatia.

However, he was constantly hounded by his opponent King László V, who opposed him at the counsel of his advisors. Although there was a time when both of them swore not to harm each other, following the victory and heroic death of the elderly general János Hunyadi at Nándorfehérvár (modern-day Belgrade), their men-at-arms attacked each other. László Hunyadi kept the king in captivity for some time,

who later swore to take revenge on him when he was freed, later luring Hunyadi to Buda with false promises!

In the spring of 1457, the unsuspecting – or perhaps righteously suspicious – young man traveled to Buda, where King László captured him. With hindsight, it seems as if the lives of the young men were the playthings of a few aristocratic landowners longing for power. They controlled the king from a young age and turned him into an alcoholic, making him indulge in various fancies so they could rule the country in his stead and name. The Hunyadi family could have easily disrupted this situation and thus they convinced the king to execute László Hunyadi. The young politician is considered a hero of Hungarian history, someone who was intended for great things and thus fell prey to political scheming.

A két László párviadala

Hunyadi László ahhoz képest, hogy csak huszonnégy év (1433–1457) adatott neki, igen sok kalandot élt át. Tizenéves kamaszként apját a szerb fogságból vele cserélték ki. Túsz volt, míg apja érte ment egy sereggel, és kiszabadította. 19 évesen pozsonyi ispán lett, 20 évesen Horvátország és Dalmácia bánja (politikai vezetője). De örök ellenlábasa, a nála hét évvel fiatalabb V. László király tanácsadóira hallgatva folyamatosan üldözte. Bár egy alkalommal mindketten megesküdtek, hogy nem bántják a másikat, az öreg Hunyadi János nándorfehérvári győzelme és a hős hadvezér halála után fegyvereseikkel egymásnak estek. Hunyadi László egy ideig fogságban tartotta a királyt, aki később kiszabadulva bosszút esküdött. Hamis ígéretekkel Budára csalta Hunyadit!

1457 tavaszán a mit sem sejtő, vagy éppen joggal gyanakvó fiatalember Budára ment, ahol László király elfogatta. Ma visszatekintve úgy tűnik, hogy néhány, a hatalmat birtokló és pár másik, hatalomra törekvő arisztokrata nagybirtokos család játszott a két ember életével. A királyt fiatalkora óta a markukban tartották, alkoholistává tették, különféle szenvedélyekre szoktatták, hogy helyette és nevében uralkodhassanak. A Hunyadiak alaposan megzavarhatták volna ezt a helyzetet, ezért vették rá a királyt, hogy végeztesse ki Hunyadi Lászlót. A magyar történelem hőseként tartja számon a fiatal politikust, aki többre hivatottként aláváló politikai játszmák áldozata lett.

Der Zweikampf zwischen den zwei László

*László Hunyadi lebte nur 24 Jahre lang (1433–1457), aber in dieser kurzen Zeit er-
lebte er viele Abenteuer. Er war erst 10 Jahre alt, als sein Vater durch den Austausch
gegen ihn aus der Gefangenschaft der Serben befreit wurde. Er blieb Geisel, bis ihn
sein Vater mit einem Heer befreite. Mit 19 Jahren wurde er Gespan von Pozsony
(Preßburg), mit 20 der Banus (politischer Führer) von Kroatien und Dalmatien. Aber
der 7 Jahre jüngere König László V., sein ewiger Widersacher, verfolgte ihn auf Rat
seiner habsburgerfreundlichen Berater. Einmal schworen sie zwar beide, dass sie dem
anderen nichts antun, aber nach dem Sieg und Tod von János Hunyadi bei Nándor-
fehérvár flammte die Feindschaft zwischen ihnen wieder auf. László Hunyadi hielt
den König für eine kurze Zeit gefangen, der sich nach seiner Befreiung Rache schwor.
Er lockte László Hunyadi mit falschen Versprechungen nach Buda!*

*Im Frühling 1457 traf der nichts ahnende oder gerade mit Recht misstrauische junge
Hunyadi in Buda ein, wo ihn der König gefangen nehmen ließ. Wenn man die Sache
näher betrachtet, scheint es so, als hätten einige Barone, die die Macht besaßen, und
die die Macht erwerben wollten, mit dem Leben dieser zwei Männer gespielt. Sie bee-
influssten den jungen König seit seiner frühen Kindheit, machten ihn zum Alkoholiker
und auch anderweitig suchtkrank, um statt seiner und in seinem Namen regieren zu
können. Die Familie Hunyadi störte diese Lage, deshalb überredeten sie den König,
László Hunyadi hinrichten zu lassen. In der ungarischen Geschichte wird der junge,
zu mehr berufene Politiker, der niederträchtigen politischen Spielen zum Opfer fiel,
als Held verehrt.*

Anführer der Bauern

György Dózsa hieß ursprünglich György Székely (Szekler). Er wurde um 1470 geboren, gehörte zu den Kleinadeligen ohne Landbesitz, kämpfte als Grenzburgsoldat heldenhaft in den Türkenkriegen. In einem Zweikampf besiegte er einen berühmten türkischen Befehlshaber, was seinen Namen bekannt machte. 1514 rief Erzbischof Tamás Bakócz, der die Papstwahl verloren hatte, mit der finanziellen Hilfe des Vatikans zum Kreuzzug gegen die Türken auf, um seinen Namen in die Geschichte von Ungarn einschreiben zu können. In kurzer Zeit versammelten sich Zehntausende, aber auf Beklagen der Adeligen – es gab niemanden, der die Ernte eingesammelt hätte(!) – wurde die Genehmigung vom König zurückgezogen. Bakócz konnte nicht zahlen, die hungrigen Bauern, die auf reiche Beute hofften, wollten zu ihren Grundherren nicht zurückkehren und wieder von Morgen bis Abend schuften. Sie plünderten, raubten, nahmen Burgen ein, und töteten grausam alle, die ihnen über den Weg liefen. Dózsa beschloss, sich gegen die Grundherren zu wenden.

Es kam zu einem Bauernaufstand, an dessen Spitze sich György Dózsa stellte. Im Mai 1514 brach der Aufstand aus, der fast bürgerkriegsähnliche Ausmaße annahm. Auf beiden Seiten wurde mit großer Grausamkeit gekämpft. Schließlich konnte János Szapolyai (der spätere ungarische König war zu dieser Zeit ein reicher Baron und Feldherr) die Aufständischen bei Temesvár vernichtend schlagen. Er ließ Dózsa und seine Stellvertreter auf grausame Weise hinrichten. Die Grundherren ließen die Bauern aus Rache „für immer" an die Scholle binden, und das Schicksal der Leibeigenen wurde noch schwerer, als vorher. Dózsa musste einen grausamen Tod sterben, damit sein Schicksal die Aufständischen „für ewige Zeiten" abschreckt. Zuerst ließ man die anderen Anführer hungern, dann wurde der Bauernkönig auf einen glühendheißen Eisenthron gesetzt, wo er einen qualvollen Tod starb. Die Anführer mussten von seinem gebratenen Fleisch essen, ihren Führer symbolisch verzehren, damit der Verstorbene und die Überlebenden noch mehr entwürdigt werden.

A parasztok vezére

The Hero of Peasants

His real name wasn't Dózsa, but rather György Székely. He was born around the year 1470 and spent his life as a nobleman without a domain and then became a soldier serving in the castle system protecting Hungary, heroically opposing the Turkish forces. His name became well-known after he defeated a famous Turkish officer in a duel.

Archbishop Tamás Bakócz, who was voted out of the running for the papal office, used Vatican funds to organise an anti-Turkish campaign in 1514, attempting to secure his position in the country's history. They gathered tens of thousands of men within a brief period of time, as a result of to the complaints of the barons – there was no one to harvest the crops! – the king revoked his permission for the campaign. Bakócz wasn't willing to pay the costs and the disappointed peasants longing for the plunder to be won during the campaign were unwilling to return to their lands to work all day long. They began pillaging and storming castles, cruelly murdering everyone who got in their way. At this point, Dózsa decided to provide them with a new target: the aristocrats! He instigated a rebellion and led the crowds.

The peasant revolt broke out in May of 1514 which quickly turned into a civil war. Both sides fought cruelly in the fight. In the end, Szapolyai (the last Hungarian king was only a wealthy landowner and a general at the time) was asked to intervene, successfully crushing the rebellion at the walls of Temesvár, cruelly executing Dózsa and his captains.

The lords took their revenge on the peasants by binding them to their lands "for-ever", and thus the fate of the peasantry was far worse than before. They intended a terrible death for Dózsa, in order to set an example "for all times" for the mutinous peasants. They starved his captains and then made the king of the peasants sit on a heated metal throne, dying a terribly torturous death. They fried pieces of his flesh and forced his captains to eat it, symbolically devouring their former leader, simultaneously humiliating the living and the dead.

Igazi neve nem Dózsa, hanem Székely György volt. 1470 körül született, és afféle birtok nélküli kisnemesként tengődött, majd végvári katonának állt, és hősiesen harcolt a török ellen. Egy híres török főtisztet párviadalban legyőzött, ekkor lett ismert a neve.

A római pápaválasztáson alulmaradt Bakócz Tamás érsek vatikáni pénzekből 1514-ben nagy törökellenes hadjáratot hirdetett: így akarta beírni nevét az ország történetébe. Rövid idő alatt több tízezer ember jött össze, de a főurak panaszára – nem volt, aki learassa a termést! – a király visszavonta az engedélyt. Bakócz nem fizette a költségeket, a csalódott, háborús zsákmányra éhes parasztok nem akartak visszamenni az uradalmakba, újra látástól vakulásig dolgozni. Dúlni, rabolni kezdtek, várakat vettek be, és kegyetlenül legyilkoltak mindenkit, aki csak az útjukba került. Dózsa ekkor úgy döntött, hogy új célpontot jelöl ki: az urakat! Lázadást szított, és a tömeg élére állt. 1514 májusában megindult hát a parasztfelkelés, amely nemsokára egy polgárháború méreteit öltötte. Mindkét oldal igen kegyetlenül harcolt. Végül a segítségül hívott Szapolyai (az utolsó magyar nemzetiségű király akkor még csak tehetős főúr és hadvezér volt) Temesvár falai alatt tönkreverte a lázadókat, Dózsát és alvezéreit szörnyűséges módon végeztette ki. Az urak bosszúból „örökre" röghöz kötötték a parasztokat, és a jobbágyság sorsa attól kezdve még rosszabb lett, mint előzőleg volt.

Dózsának kegyetlen halált szántak, már csak azért is, hogy példája „örök időkre" ott lebegjen a lázadók szeme előtt. Alvezéreit kiéheztették, majd a parasztvezért egy tűzön felizzított vastrónra ültették, így halt kínhalált. Utána húsából egy-egy darabot megsütöttek, és azt kellett alvezéreinek megenniük, mintegy jelképesen felfalni saját egykori vezérüket, hogy ezzel is megalázzák a még élőket és a holtat.

Örökre távolba szakadt lélek

Mikes Kelemen félárva, elszegényedett erdélyi kisnemesi család fia-ként tizenhét évesen inasként került az éppen szabadságharcát vezető II. Rákóczi Ferenc mellé. Attól kezdve az „inas" haláláig el nem hagyta urát. Elkísérte Rákóczit száműzetésébe Lengyel- és Franciaországba, sőt, amikor a fejedelem egy ideig kolostori magányban élt, Kelemen árnyékként akkor is mellette maradt. Végül a bujdosók együtt men-tek török földre is. A száműzetés Mikes Kelemen számára negyvenegy évig, azaz a haláláig tartott.

Számos irodalmi műve hatalmas honvágyát tárja elénk. A legismer-tebb írásai a soha nem létezett nagynénjéhez címzett és így persze el sem küldött levelei, amiket a száműzetés évtizedei alatt írt – több mint kétszázat. Ezekből tudjuk ma, hogyan is teltek az évek, évtizedek azok számára – harcedzett urak, politikusok, főemberek –, akik már soha többé nem térhettek vissza Magyarországra.

Miután Rákóczi 1735-ben meghalt, Mikes csak annyit tudott elérni, hogy levelezhetett erdélyi rokonaival. Mária Terézia ült már a bécsi trónon, amikor Mikes odaküldött kérelmére a Habsburg-ház ellen lá-zadókat szívből gyűlölő királynő saját kezével írta az elutasító választ: *Ex Turcia nulla redemptio* – „Törökországból nincs visszatérés."

Mikes Kelemen a valaha önként vállalt távolléte alatt tucatnyi francia könyvet fordított magyarra. A reménytelen élethelyzetben, betegsé-gekkel küszködve is csak írt, írt, mígnem a halál 1761-ben kiütötte ke-zéből a tollat.

Tizennégy vértanú

Nemcsak azokról szólunk e fejezetben, akiket idegen földön, száműzetésben ért a halál, hanem azokról is, akik bár itthon, de idegen hatalomnak estek áldozatul. Mint a tizenhárom aradi tábornok és egy miniszterelnök 1849-ben.

1848 tavaszán szerte Európában fellángoltak a kisebb-nagyobb forradalmak, de lángjuk hamarosan kihunyt. Csak a magyar tartott ki csaknem másfél évig. Bécs, az akkori elnyomó hatalom addig is minden lehetséges eszközzel fékezte a magyarság fejlődését, most pedig teljes haderejével támadt az önállósulásra törekvő magyar forradalmárok ellen. Ennek hatására az európai vesztes forradalmak hősei is idegyűltek, hogy a közös ellenség ellen együtt küzdjenek a magyarokkal. Az új császár, Ferenc József kénytelen volt megalázkodva kérni az orosz cár segítségét. Ausztria és Oroszország hadai csak együttesen tudták legyőzni a kis Magyarországot, és Bécs a magyar sereg elfogott parancsnokait lázadóként kivégeztette. Aradon tizenhárom tábornokra várt a halál. Bitófán végezte Aulich Lajos, Damjanich János, Dessewffy Arisztid, Kiss Ernő, Knezich Károly, Láhner György, Lázár Vilmos, Leiningen-Westerburg Károly, Nagy Sándor József, Poeltenberg Ernő, Schweidel József, Török Ignác, Vécsey Károly. Tizennegyedikként Pesten végeztek az első magyar felelős miniszterelnökkel, Batthyány Lajossal, akit pedig az előző osztrák uralkodó nevezett ki, hivatala tehát teljesen törvényes volt. De Bécs maradéktalan leszámolást akart, és ezt el is érte.

fent balról:
Knezich Károly
Nagy Sándor József
Damjanich János
Aulich Lajos

Láhner György
Poeltenberg Ernő
Leiningen-Westerburg Károly
Török Ignác
Vécsey Károly

Kiss Ernő
Schweidel József
Dessewffy Arisztid
Lázár Vilmos

Fourteen Martyrs

This chapter isn't just dedicated to people who passed away in foreign lands in exile, but also to those who died in their homeland, albeit from foreign hands – like the thirteen martyrs and their prime minister who were executed in 1849.

In the spring of 1848, a number of rebellions erupted all around Europe, however, they were quickly quashed. Only the Hungarian rebellion lasted for one and half years. Vienna, the source of oppression at the time had already tried its best to restrain Hungarian development and now it attacked with all its might against the Hungarian revolutionaries striving for independence. For this reason, the heroes of the failed rebellions in Europe gathered in the country to fight against the shared enemies with the Hungarians. The new emperor, Franz Joseph, was forced to humble himself and ask for the support of the Russian Tsa. The armies of Austria and Russia could only defeat the forces of the puny Hungary by joining their forces, while the rulers of Vienna executed the captured commanders of the Hungarian army. Thirteen generals were sentenced to death in Arad. Lajos Aulich, János Damjanich, Arisztid Dessewffy, Ernő Kiss, Károly Knezich, György Láhner, Vilmos Lázár, Károly Leiningen-Westerburg, József Sándor Nagy, Ernő Poeltenberg, József Schweidel, Ignác Török and Károly Vécsey were hanged. The fourteenth martyr was the first Hungarian prime minister, Lajos Batthyány, executed in Pest, appointed by the previous Austrian ruler, thus his office was entirely legitimate. Still, Vienna wanted to settle the score and that's just what they did.

Vierzehn Märtyrer

Wir erzählen in diesem Kapitel nicht nur von denen, die auf fremdem Boden, im Exil starben, sondern auch von denen, die zwar im Heimatland, aber auf Befehl einer fremden Macht den Tod fanden, wie 1849 die dreizehn Generäle und der Ministerpräsident.

Im Frühling 1848 brachen in ganz Europa Revolutionen aus, die aber bald niedergeschlagen wurden. Nur die ungarische Revolution dauerte fast anderthalb Jahre lang. Die Wiener Regierung versuchte schon lange, die Entwicklung Ungarns mit allen Mitteln zu bremsen, jetzt aber setzte sie all ihre Streitkräfte gegen die ungarischen Revolutionäre ein, die um die Unabhängigkeit Ungarns kämpften. Die Freiheitskämpfer der niedergeschlagenen Revolutionen Europas versammelten sich hier, um gegen den gemeinsamen Feind mit den Ungarn zusammen zu kämpfen. Franz Josef, der neue Kaiser musste den russischen Zaren demütig um militärische Hilfe bitten. Die Heere von Österreich und Russland konnten das kleine Ungarn nur zusammen besiegen. Wien ließ die gefangen genommenen ungarischen Generäle als Rebellen in Arad hinrichten.

Am Galgen starben Lajos Aulich, István Damjanich, Aristid Dessewffy, Ernő Kiss, Károly Knézich, György Láhner, Vilmos Lázár, Károly Leiningen-Westerburg, Sándor József Nagy, Ernő Poeltenberg, József Schweidel, Ignác Török und Károly Vécsey.

In Pest wurde Lajos Batthyány, der erste Ministerpräsiden Ungarns erschossen, obwohl er vom vorherigen österreichischen Kaiser völlig rechtmäßig ernannt wurde. Die Wiener Regierung wollte aber eine Abrechnung, die sie auch erreichte.

Az utolsó kormányzó

Horthy Miklós ötvenéves koráig, azaz 1918-ig nem sok időt töltött a hazájában. Magyar volta ellenére sikerült kadétként bejutnia az osztrák haditengerészetbe, ahol aztán szédítő karriert épített fel. Közben évekig Ferenc József császár szárnysegéde is volt, majd az adriai hadiflotta admirálisa lett.

De a világháború csúfos véget ért, Magyarországot Trianonban szétdarabolták, a Monarchia is eltűnt. A kommunisták rövid, ám annál véresebb rémuralma ellen szervezkedő magyar nemzeti kormánynak pedig előbb hadügyminiszterre, majd vezetőre volt szüksége. Horthy Miklós személyében mindkettőt megtalálták. 1920 tavaszától ő lett az államfő, ami valahol a mai köztársasági elnöknek megfelelő,

bár annál szélesebb jogkörrel rendelkező pozíció volt. Az ő idejében Magyarország még névelegesen királyság, valójában egy polgári demokrácia benyomását keltette. Voltak politikai pártok, egészen baloldaliak is, szabad választások, országgyűlésnek felelős kormány.

Horthy Miklós majdnem huszonöt évig állt az ország élén. Sajnos ő sem léphette át az árnyékát: félelme a kommunizmustól és az a vágy, hogy Magyarország visszanyerhesse az 1918-ban elveszített területeit, az általa is utált Hitler szövetségesévé tette őt és országát.

Nem feledhető, hogy Horthy is pártolta – már hatalma elejétől – a zsidókat korlátok közé szorító rendelkezéseket. A világ még nem tudott Hitler és a náci ideológia létezéséről sem, amikor nálunk már számon tartották egyesek származását, vallását, és meghatározták, hogy közülük hányan választhatnak ilyen vagy olyan szakmát, pályát.

Horthy Miklós jóakarata kétségtelen, államférfiúi tehetsége már vitatható. Rajongva szeretett idősebbik fiát, a zseninek tartott Istvánt a politikusok legtöbbjének egyetértésével kormányzóhelyettessé nevezte ki. Ezért néhányan keményen támadták őt, azt terjesztve, hogy uralkodódinasztia alapítására törekszik. Persze ez nem volt igaz.

Két lánya után idősebbik fia is meghalt: repülőtisztként – egy harci bevetés alkalmával, meglehetősen gyanús körülmények között – lezuhant. Horthy Miklós kormányzó egyetlen életben maradt gyermekét, Miklóst szerette volna megmenteni. Az ifjabb Horthy Miklós már titkokban a Nyugattal tárgyalt, hogy Magyarország – apja egyetértésével, és Hitlerrel szembefordulva – kiugorhasson a háborúból. A németek tudomást szereztek erről, és elrabolták a fiatalembert. A kormányzót ezzel lemondásra kényszerítették, és elhurcolták. Hosszú fogság, majd kényszerlakhely után a nürnbergi perben csak mint tanú jelent meg, végül Portugáliában telepedett le, és ott élt 1957-ben bekövetkezett haláláig. Végső soron elmondható, hogy élete végére neki is – mint oly sok magyar államférfinak – száműzetés jutott osztályrészül.

The Last Governor

Miklós Horthy didn't spend much time in his homeland until he turned fifty in 1918. Although he was Hungarian by descent, he managed to become a cadet of the Austrian navy, where he had an impressive career. In the meantime, he became the adjutant of Emperor Franz Joseph and later the admiral of the Adriatic fleet.

However, World War I ended disgracefully, and Hungary was cut into pieces by the Trianon peace treaty and the Monarchy was gone. However, the Hungarian national government organising itself against the brief, yet bloody, rule of the communists first needed a minister of war and a leader.

Miklós Horthy was the right man for both offices. He became the head of state from the spring of 1920, which is about the equivalent of the modern-day President of the Republic, albeit with a broader range of authority. At the time, Hungary was still a kingdom in name, but was actually more similar to a bourgeois democracy. There were political parties – some of which were left wing – and free elections, and a government that reported to the country's general assembly.

Miklós Horthy governed the country for nearly twenty-five years. Unfortunately, however, he was unable to cope with his dark side: his fear of communism and his desire for Hungary to regain the territories it lost in 1918 made him and the country an ally of Hitler, even though he despised him.

We mustn't forget that Horthy supported – right from the beginning of his "reign" – the limitations placed on the Jews. The world knew nothing yet of Hitler and his Nazi ideologies, while in Hungary records were already being kept on the descent and religion of some people, determining how many of them could pursue various professions and careers.

However, Miklós Horthy's good intentions can't be doubted, although his talent as a statesman is questionable. His older son István, whom he adored and regarded as a genius, was promoted as vice governor with the consent of most of the politicians. He was fiercely criticised for this by some, who spread the rumour that he intended to establish a dynasty of rulers – of course, this wasn't the case.

Following the deaths of his two daughters, his older son perished as well: as an aviation officer, his plane crashed in the course of a military operation, amongst rather dubious circumstances. Governor Miklós Horthy wished to save the life of his only surviving child, Miklós. At the time, the young Miklós Horthy was already in secret negotiations – turning against Hitler with his father's consent – with the western countries in order to allow Hungary to get out of the war. The Germans caught wind of this and kidnapped the young man, thus forcing the governor to resign and then taking him prisoner.

After a long period of captivity and house arrest, he appeared as a witness in the course of the Nuremberg trials and finally settled down in Portugal, where he lived until his death in 1957. It seems like – just as many other Hungarian statesmen – he ended up in exile at the end of his life.

Der letzte Reichsverweser

Miklós Horthy verbrachte bis zu seinem 50. Lebensjahr, d.h. bis 1918 nicht viel Zeit in Ungarn. Er geriet als Kadett in die k.u.k. Kriegsmarine, wo er eine glänzende Karriere machte. Er war jahrelang der Flügeladjutant Franz Josephs, dann stieg er zum Konteradmiral der Kriegsflotte auf der Adria auf.

Im ersten Weltkrieg aber gehörte Österreich-Ungarn zu den Verlierern, Ungarn wurde in Trianon verstümmelt, die Monarchie löste sich auf. Die ungarische Nationalregierung aber, die den Kampf gegen das kommunistische Regime organisierte, brauchte einen Verteidigungsminister und später einen politischen Führer. Miklós Horthy war für beide Posten geeignet. Im Frühling 1920 wurde er zum Staatsoberhaupt mit weitreichenden Vollmachten gewählt. Ungarn blieb in seinem Namen Königreich, aber ohne König, und sah wie eine parlamentarische Demokratie aus. Es gab politische Parteien, - auch linke -, freie Wahlen und eine Regierung, die sich vor dem Parlament zu verantworten hatte. Miklós Horthy stand 25 Jahre lang als Anführer an der Spitze des ungarischen Staates. Leider konnte er auch nicht über seinen Schatten springen: die Angst vor dem Kommunismus und der Wunsch, die 1918 abgetretenen ungarischen Gebiete zurückzubekommen, machte ihn und Ungarn zum Verbündeten von Hitler, den er hasste. Man darf nicht vergessen, dass er die Gesetze, die sich gegen die Juden richteten, von Anfang an unterstützte. Die Welt wusste noch nichts von Hitler und der nationalsozialistischen Ideologie, als in Ungarn die Abstammung und die Religion bereits zählten und bestimmten, wie viele welche Berufe wählen dürfen. Am Wohlwollen von Miklós Horthy besteht kein Zweifel, aber über seine staatsmännischen Fähigkeiten lässt sich um so mehr streiten. Er schwärmte für István, seinen älteren Sohn, den er für ein Genie hielt. Er ernannte ihn mit dem Einverständnis der meisten Politiker zu seinem Stellvertreter. Einige griffen ihn deswegen an und beschuldigten ihn der Gründung einer Herrscherdynastie. Das war selbstverständlich nicht wahr. Nach dem Tod seiner zwei Töchter verlor er auch seinen älteren Sohn. István, der Jagdflieger war, stürzte in einem Kampfeinsatz mit seiner Maschine unter verdächtigen Umständen ab. Miklós Horthy wollte Miklós, seinen einzigen Sohn, der noch lebte, retten. Der jüngere Miklós Horthy verhandelte heimlich mit den westlichen Alliierten, damit sich Ungarn – mit der Einwilligung seines Vaters – gegen Hitler wenden und aus dem Krieg austreten kann. Die Deutschen aber erfuhren von diesem Plan und entführten den jungen Mann. Damit zwangen sie den Reichsverweser zur Abdankung, und verschleppten ihn. Nach langer Gefangenschaft und einer Zwangswohnung erschien er im Nürnberger Prozess nur als Zeuge, ließ sich schließlich in Portugal nieder, und lebte dort bis 1957, als er starb. Zusammenfassend kann man sagen, dass er – wie so viele andere ungarische Staatsmänner – auch im Exil sterben musste.

Egy hadsereg pusztulása

Der Untergang einer Armee

Nach einem äußerst verdächtigen, „sowjetischen" Bombenangriff gegen die Stadt Kassa unmittelbar nach dem deutschen Angriff auf die Sowjetunion trat Ungarn sofort in den Weltkrieg ein (obwohl Hitler es noch nicht verlangte), und ein Teil der ungarischen Armee zog in die Ukraine ein, wo sie die Grenze schützten.

Die 2. ungarische Armee (drei Korps: Szombathely, Miskolc, Pécs) wurde erst im Januar 1942 an die Ostfront geschickt. Die ungarische Kriegsführung achtete darauf, dass nicht die jüngsten Soldaten nach Russland gehen, und die Streitkraft 20% der der Wehrpflichtigen nicht übersteigt. Die meisten Soldaten wurden daher aus Reservisten mobilisiert. Jeder fünfte, nach Russland geschickte Soldat gehörte einer Nationalität, vor allem den Rumänen, Ruthenen an, jeder zehnte wurde wegen seiner linken Ansichten einberufen, und es gab viele Juden, die Arbeitsdienst leisteten. Im Juli 1942 betrug die Gesamtzahl der 2. ungarischen Armee 182 000 Soldaten, im Oktober stieg diese Zahl auf 197000. Der Untergang der Armee begann im Januar 1943 mit der großen sowjetischen Offensive. Es kam vor, dass die Sowjets an einem Tag 100 Km tief in die ungarische Frontlinie eindrangen. Die Heeresleitung war schlecht, die Panzerabwehr und die Artillerie funktionierten nicht gut. Die Ungarn hätten sich zurückgezogen, aber die Deutschen, die neben ihnen kämpften, ließen es nicht zu. Nach einigen Wochen ordneten die Deutschen den Rückzug der "schwachen Verbündeten" selbst an. Ab April wurden die Überlebenden, Verwundeten und Invaliden nach Hause geliefert. Die anderen, etwa 93 000 Soldaten kamen ums Leben.

Miután egy roppant gyanús „szovjet" bombázás érte Kassa városát pár nappal azután, hogy Hitler megtámadta a Szovjetuniót, Magyarország azonnal belépett a világháborúba (pedig ezt Berlin akkor még nem is kívánta), és Ukrajnába átvonult a magyar hadsereg egy része, hogy ott jobbára helyőrségi feladatokat teljesítsen. Igazából a 2. magyar hadsereg (három hadtest: a szombathelyi, a miskolci és a pécsi) csak 1942 januárjában utazott ki a frontra.

A hadvezetés ügyelt arra, hogy ne a legfiatalabb katonákat vigye ki, és az orosz földre került katonák a magyar sorállománynak 20 százalékát ne haladják meg. Ezért a legtöbb embert a tartalékosok közül mozgósították. Minden ötödik kivitt katona nemzetiségi volt: főleg román és ruszin, minden tizediket ismert baloldali nézeteiért hívták be, és sok volt a zsidó munkaszolgálatos. A 2. magyar hadsereg összlétszáma 182 ezer főt tett ki 1942 júliusában, októberre ez elérte a 197 ezer főt.

A sereg pusztulása 1943 januárjában, a nagy orosz offenzívával vette kezdetét. Volt, hogy egyetlen nap alatt 100 kilométer mélyen benyomultak az orosz ékek a magyar frontvonalba. Rossz volt a hadvezetés, a páncélelhárítás és a tüzérség pedig nem sokat ért. A magyarok visszavonultak volna, de a mellettük harcoló németek nem engedték. Néhány héttel később maguk a németek rendelték el a „gyönge szövetséges" visszavonulását. Áprilistól hazahozták a megmaradt, sebesült, rokkant katonákat. A többi, mintegy 93 ezer ember odaveszett.

The Death of an Army

Following the rather suspicious "Soviet" bombing of the city of Kosice (Kassa) a few days after Hitler attacked the Soviet Union, Hungary entered World War II (even though the leaders in Berlin didn't intend this at the time) and part of the Hungarian army was deployed to the Ukraine to perform garrison duties. Actually, the Second Hungary army (three corps, from Szombathely, Miskolc and Pécs) only travelled to the front in January 1942.

The leadership took care not to send the youngest soldiers and to make sure that the soldiers sent to Russian territories wouldn't exceed 20% of the Hungarian enlisted men, therefore most of the troops were reserved soldiers. One-fifth of the troops sent abroad were from some nationality – mainly of Romanian and Rusyn descent –, whilst one-twelfth of the soldiers were enlisted because of their leftist views and there were also a high number of Jewish forced labourers. The Second Hungarian army had a total of 182 thousand troops in June 1942, which increased to 197 thousand by October.

The demise of the army began with a major Russian offensive in January 1943. The Russians occasionally made 100 kilometre-forays deep into the Hungarian front. The leadership was poor, whilst the anti-tank and artillery units didn't make much difference. The Hungarians wanted to fall back, but the Germans forced them to stand their ground. A few weeks later, the Germans ordered the retreat of their "weak ally". The remaining wounded and crippled soldiers were brought home in April. The rest of the 93 thousand soldiers were lost.

He Who Shed the Soviet Uniform

Not only was he historically a major figure, he was also instantly distinguishable from his surroundings by his two metre height. Pál Maléter was born in 1917 and became a professional soldier. He graduated from the Ludovika military academy during the Horthy era and was sent to the front as an armoured infantryman lieutenant. His tank was hit and he fell into Russian captivity. After brain-washing him, the communists parachuted him behind enemy lines as a Soviet partisan. He later became the commander of the presidential guard with the assistance of the occupying Soviets and progressed within the ranks of the "People's army".

In 1956, Maléter was the national commander of the technical auxiliary corps. He was regarded as a trustworthy individual by the communist regime, so once the revolutionaries occupied the Kilián barracks in Budapest, he was sent with a forti-fied unit on 25 October to reoccupy the barracks. Maléter, however, changed his mind by then and joined the sides of the revolutionaries. Six days later, he was chosen as a member of the Revolutionary Amy Committee and became one of the legendary military leaders of the revolution.

On the evening of 3 November, the Soviets asked him to attend negotiations at a Russian military base on the conditions of the withdrawal of the Soviet forces. Unfortunately, it seems that Maléter wasn't familiar enough with the communists, who were storming the country by then and once he and his partners where arrested, the invasion began. The revolution was crushed and Maléter was executed – along with Imre Nagy – in 1958.

Aki ledobta a szovjet egyenruhát

Nem csak történelmi értelemben volt nagy – kétméteres nyúlánk termete mindig, mindenhol azonnal szembetűnt. Maléter Pál 1917-ben született, és hivatásos katona lett. Még a Horthy-korszakban végezte el a Ludovika katonai akadémiát, és a királyi hadsereg páncélos hadnagyaként került a frontra. Tankját kilőtték, orosz fogságba került. A kommunisták kisebb agymosás után mint szovjet partizánt dobták le ejtőernyővel a front mögé. Később a megszálló szovjetek támogatásával a köztársasági elnöki testőrség parancsnoka lett, majd már a „néphadseregben" emelkedett egyre magasabbra. Mire eljött 1956, Maléter már a műszaki kisegítő alakulatok országos parancsnoka volt.

A kommunista rendszer megbízhatónak tartotta, ezért miután a felkelők elfoglalták a budapesti Kilián-laktanyát, október 25-én egy erős alakulattal őt küldték a laktanya visszafoglalására. Maléterben azonban addigra megérett az elhatározás, és átállt a felkelők oldalára. Hat nappal később már beválasztották a Forradalmi Honvéd Bizottságba, és a forradalom egyik legendás katonai vezetőjének számított.

November 3-án este a szovjetek tárgyalni hívták őt egy orosz katonai támaszpontra, a szovjet csapatok magyarországi kivonulásának feltételeiről. A jelek szerint Maléter mégsem ismerte eléggé a kommunistákat. A szovjetek akkor már befelé özönlöttek az országba, és miután Malétert és társait letartóztatták, megindult az invázió. A forradalmat leverték, Malétert pedig 1958-ban – Nagy Imrével együtt – kivégezték.

Der die sowjetische Uniform ausgezogen hat

Er war nicht nur im historischen Sinne groß, seine 2 m hohe Gestalt ragte immer und überall heraus. Pál Maléter wurde 1917 geboren und wurde Berufssoldat. In der Horthy-Ära lernte er an der Ludovika-Akademie, und als Panzerleutnant gelangte er an die Ostfront. Sein Panzer wurde abgeschossen und er geriet in sowjetische Gefangenschaft. Die Kommunisten warfen ihn nach einer milden Gehirnwäsche als Partisan mit einem Fallschirm hinter die Frontlinie. Später wurde er mit sowjetischer Hilfe der Kommandant der Leibwache des ungarischen Staatschefs, dann stieg er in der „Volksarmee" immer höher. Im Jahre 1956 war er schon der Oberbefehlshaber der technischen Hilfstruppen. Das kommunistische Regime hielt ihn für zuverlässig, deshalb wurde er zur Rückeroberung der Kilián-Kaserne geschickt, nachdem sie am 25. Oktober von den Aufständischen besetzt worden war. Maléter beschloss aber, sich den Aufständischen anzuschließen. Sechs Tage später wurde er in den Verteidigungsausschuss der Revolution aufgenommen, und zählte zu den legendären militärischen Kommandanten des Aufstandes.

Am 3. November luden ihn die Sowjets zur Verhandlung über den Auszug der sowjetischen Truppen aus Ungarn in einen sowjetischen Stützpunkt ein. Maléter kannte die Kommunisten noch immer nicht gut genug. Die Sowjets stießen schon vor, und nachdem Maléter und seine Begleiter festgenommen wurden, begann die Invasion. Der Volksaufstand wurde niedergeschlagen, Maléter wurde 1958 zusammen mit Imre Nagy hingerichtet.

„Áldó imádság mellett"

"With blessed prayer" – *„In dankbarem Gebet"*

Halotti beszéd – az élőknek

Minden népnek kedves, ami sajátosan az övé, és minden nép megbecsüli anyanyelve első emlékeit. Melyik magyar ne tudná idézni az 1200 körül feljegyzett, ősi zenét idéző szavakat: *Latiatuc feleym zumtuchel, mic vogmuc? Isa pur es chomu vogmuc..."* („Látjátok, feleim szemetekkel, mik vagyunk? Bizony por és hamu vagyunk...")

Az úgynevezett Pray-kódexben maradt fenn a Halotti beszéd szövege. Bár a magyarok már évezredek óta beszélik a nyelvet, de legősibb írott emlékünk a Halotti beszéd, amely harminckét sorból áll, és kétszázhetvennégy szót tartalmaz. Nemcsak a magyar nyelvnek, de a finnugor nyelvcsaládnak is ez az első írott, összefüggő nyelvemléke.

A latin nyelvű miserészleteket közlő kézírásos könyvbe valaha talán egy szerzetes írta bele magyarul a Halotti beszédet, azt a búcsúztatót, amit a pap mondott a magyar nyelvű gyászolóknak az elhunyt koporsója mellett.

Így folytatódik: „Mennyi malaszttal ellátva teremtette Isten a mi atyánkat, Ádámot, és a paradicsomot adta lakóhelyéül. És azt mondta neki, hogy a paradicsomban való minden gyümölccsel éljen, csupán egy fa gyümölcsétől tiltotta el őt..." A történetet ismerjük, és ezen a nyelven már vagy ezer éve megismerhették őseink is.

Funeral Oration and Prayer – for the Living

Every nation holds dear what intrinsically belongs to it and every person respects the first memories of their mother's tongue. Almost all Hungarians are familiar with the 1200 -year-old, musical words: "Latiatuc feleym zumtuchel, mic vogmuc? Isa pur es chomu vogmuc..."?

("My brethren, you see with your own eyes what we are? Surely we are but dust and ashes...")

The text of the Funeral Oration was preserved in the so-called Prayer-codex. Although the Hungarians spoke the language for thousands of years, the Funeral Oration is the oldest written finding, consisting of thirty-two lines and two hundred and seventy-four words. Not only is it the first comprehensive relic of the Hungarian language, but the Finnugor language group as well.

The Funeral Oration – which was a formula of farewell that the priest spoke over the grave of the deceased – was found in a hand-written Latin language book. It continues as follows: "God in his divine grace first made Adam our ancestor, and gave him Eden for his dwelling place. He bade him live on all the fruits of Eden, forbidding the fruit of one tree only..." We're familiar with the rest of the tale and the Hungarian ancestors became familiar with the tale from this source for over a thousand years.

Leichenrede – für Lebende

Jedes Volk schätzt, was ihm gehört, und jedes Volk verehrt seine ersten Sprachdenkmäler. Fast jeder Ungar könnte die alten Worte aus dem um 1200 entstandenen Textdenkmal zitieren: Latiatuc feleym zumtuchel, mic vogmuc? Isa pur es chomu vogmuc..."? (Seht ihr, meine Lieben, mit den Augen, was wir sind? Nur Asche und Staub sind wir...)

Der Text dieser Leichenrede wurde im Codex Pray überliefert. Obwohl die Ungarn ihre Sprache bereits seit Jahrtausenden sprachen, ist ihr ältestes Sprachdenkmal diese Leichenrede, die aus 32 Zeilen besteht und 274 Wörter enthält. Das ist das erste zusammenhängende Textdenkmal nicht nur der Ungarn, sondern auch der finno-ugrischen Sprachfamilie.

Diese Leichenrede, die der Priester der ungarischen Trauergemeinde am Sarg der Verstorbenen sprach, wurde vielleicht von einem Mönch in ungarischer Sprache in dem Codex aufgezeichnet, der Teile der Messe in lateinischer Sprache beschreibt.

Der Text lautet weiter so: : „Mennyi malaszttal ellátva teremtette Isten a mi atyánkat, Ádámot és a Paradicsomot adta lakóhelyéül. És azt mondta neki, hogy a paradicsomban való minden gyümölccsel éljen, csupán egy fa gyümölcsétől tiltotta el őt..." (Gott schuf unseren Vater, Adam, mit Gnade, und gab ihm das Paradies zum Wohnen. Und er hat ihm gesagt, er könne von jeder Frucht im Paradies essen, er hat ihm nur die Frucht eines Baumes verboten...)

Die Geschichte ist bekannt, und unsere Vorfahren konnten sie bereits vor 1000 Jahren in ihrer Muttersprache lesen.

The Hungarian National Anthem

The Hungarian National Anthem is the prayer of a troubled nation, a people which confronts its sins and longs for a better fate. What made a thirty-year-old poet in a village in Szatmár to sit down on a cold winter day – 22 Januar, 1823, to be precise – and write a poem entitled "Hymnus, from the troubled centuries of the Hungarian people"? He wrote without corrections or additions: O Lord, bless the nation of Hungary with your grace and bounty. Extend over it your guarding arm during strife with its enemies… and so on. In this eight stanzas of eight lines of verse, he provides an imaginary overview of (the former lands of) Hungary, with the various regions reminding him of an event in the country's history, concluding in the final two lines with the explanation, petition to God and conclusion:

They who have suffered for all their sins of the past and the future!
We usually only sing the first stanza of Ferenc Kölcsey's work. Most nations have a cheerful, tight, military marching song as their national anthem and the French Marseillaise is reminiscent of the revolution. Perhaps it's no coincidence that the experts feel the Hungarian anthem is the gloomiest anthem in the world and perhaps we can add, the most pessimistic as well. Of course, the melody itself also has a festive, dramatic mood appropriate to the text. Ferenc Erkel composed the music. Kölcsey, however, never heard them sing his poem, since the music was only composed years after his death. It became commonly accepted and is sung everywhere where celebrations, commemorations or major events take place.

A magyar Himnusz

Himnuszunk egy bajba jutott nép imádsága, egy népé, amely bűnbánatot tart, és jobb sorsra vágyik.

Mi késztette arra a harminckét éves költőt egy szatmári faluban, hogy egy hideg téli napon – pontosan 1823. január 22-én – leüljön, és megírja a „Hymnus, a' magyar nép zivataros századaiból" című versét? Írta, javítások és betoldások nélkül: Isten, áldd meg a' Magyart, jó kedvvel, bőséggel. Nyújts feléje védő kart, Ha küzd ellenséggel… – és így tovább. Nyolc versszakos, egyenként nyolcsoros versében szinte végigszáguld a képzeletbeli (Nagy-) Magyarországon, minden tájról eszébe jut múltunk egy-egy eseménye, hogy aztán eljusson az utolsó két sorig, ami az Istenhez fohászkodó költő magyarázata, indoklása és végszava egyben: Megbűnhődte már e' nép a' múltat 's jövendőt!

ISTEN·ÁLDD·MEG·A·MAGYART!
A VÁRMEGYEI TISZTVISELŐK ÉS IRODALMI ÉS MŰVÉSZETI GYÖNGYÖSI ISTVÁN TÁRSASÁGA ÁLTAL RENDEZETT ORSZÁGOS KÖLCSEY·FERENC HIMNUSZ ÜNNEPSÉG 1938·VIII·19.

KÖLCSEY·FERENC
·1838 – 1938·

Kölcsey Ferenc művének csak az első versszakát szoktuk énekelni.

A legtöbb nép egyenesen vidám, pattogó katonai indulót nevezett ki himnusznak, a francia *Marseillaise* forradalmat idéz. Talán nem véletlen, hogy a magyar Himnuszt szakértők a világ legkomorabb, és talán hozzátehetjük: leginkább peszszimista himnuszának tartják. Persze, már maga a dallam is valamiféle nagyon ünnepélyes, drámai hangulatot sugall, a szöveghez illően. Erkel Ferenc komponálta a zenét. Kölcsey viszont sohasem hallhatta énekelni művét, évekkel a halála után zenésítették meg. Azóta elfogadott lett, mindenhol énekeljük, ahol ünnepelünk, emlékezünk, vagy valami meghatározó esemény történik.

Die ungarische Nationalhymne

Unsere Hymne ist das Gebet eines leidenden Volkes, eines Volkes, das Reue zeigt und sich ein besseres Schicksal wünscht. Was veranlasste den 32 Jahre alten Dichter am 22. Januar 1823 in einem kleinen Dorf von Szatmár, das Gedicht mit dem Untertitel „Aus den stürmischen Jahrhunderten des ungarischen Volks" zu schreiben? Er schrieb ohne Verbesserungen und Ergänzungen:
„HERR, segne den Ungarn
Mit Frohsinn und mit Überfluss.
Beschütze ihn mit deiner Hand,
Wenn er sich mit dem Feind schlägt…"
Im Gedicht, das aus acht Strophen mit je acht Zeilen besteht, führt er uns durch (Groß-) Ungarn, bei jeder Landschaft fällt ihm ein Ereignis aus der Vergangenheit ein, bis der zu Gott betende Dichter endlich in den letzten zwei Zeilen zur Erklärung, Begründung und Schlussfolgerung kommt:
„Denn dies Volk hat schon gebüßt
Für Vergangenes und Kommendes."
Aus dem Werk von Ferenc Kölcsey wird nur die erste Strophe gesungen.

Die meisten Nationen wählten sich eine lustige Hymne, die sich oft wie Militärmarsch anhört, die französische Marseillaise erinnert an die Revolution. Es ist daher kein Zufall, dass die Experten die ungarische Hymne für eine der traurigsten und pessimistischsten Hymnen der Welt halten. Auch die Melodie hat eine sehr feierliche und dramatische Stimmung, die zum Text gut passt. Das Gedicht wurde von dem Komponisten, Ferenz Erkel erst viele Jahre nach dem Tod von Kölcsey vertont, so konnte der Dichter sein Werk nie gesungen hören. Seitdem ist sie die ungarische Nationalhymne, sie wird überall gesungen, wo gefeiert und gedacht wir, sowie wo etwas Entscheidendes passiert.

HIMNUSZ

Isten, áldd meg a magyart
Jó kedvvel, bőséggel,
Nyújts feléje védő kart,
Ha küzd ellenséggel;
Bal sors akit régen tép,
Hozz rá víg esztendőt,
Megbűnhődte már e nép
A múltat s jövendőt!

Őseinket felhozád
Kárpát szent bércére,
Általad nyert szép hazát
Bendegúznak vére.
S merre zúgnak habjai
Tiszának, Dunának,
Árpád hős magzatjai
Felvirágozának.

Értünk Kunság mezein
Ért kalászt lengettél,
Tokaj szőlővesszein
Nektárt csepegtettél.
Zászlónk gyakran plántálád
Vad török sáncára,
S nyögte Mátyás bús hadát
Bécsnek büszke vára.

Hajh, de bűneink miatt
Gyúlt harag kebledben,
S elsújtád villámidat
Dörgő fellegedben,
Most rabló mongol nyilát
Zúgattad felettünk,
Majd töröktől rabigát
Vállainkra vettünk.

Hányszor zengett ajkain
Ozmán vad népének
Vert hadunk csonthalmain
Győzedelmi ének!
Hányszor támadt tenfiad
Szép hazám kebledre,
S lettél magzatod miatt
Magzatod hamvvedre!

Bújt az üldözött s felé
Kard nyúl barlangjában,
Szerte nézett s nem lelé
Honját a hazában,
Bércre hág és völgybe száll,
Bú s kétség mellette,
Vérözön lábainál,
S lángtenger fölette.

Vár állott, most kőhalom,
Kedv s öröm röpkedtek,
Halálhörgés, siralom
Zajlik már helyettek.
S ah, szabadság nem virúl
A holtnak véréből,
Kínzó rabság könnye hull
Árvánk hő szeméből!

Szánd meg Isten a magyart,
Kit vészek hányának,
Nyújts feléje védő kart
Tengerén kínjának.
Bal sors akit régen tép,
Hozz rá víg esztendőt,
Megbűnhődte már e nép
A múltat s jövendőt!

Kölcsey Ferenc, 1823

THE HUNGARIAN NATIONAL ANTHEM

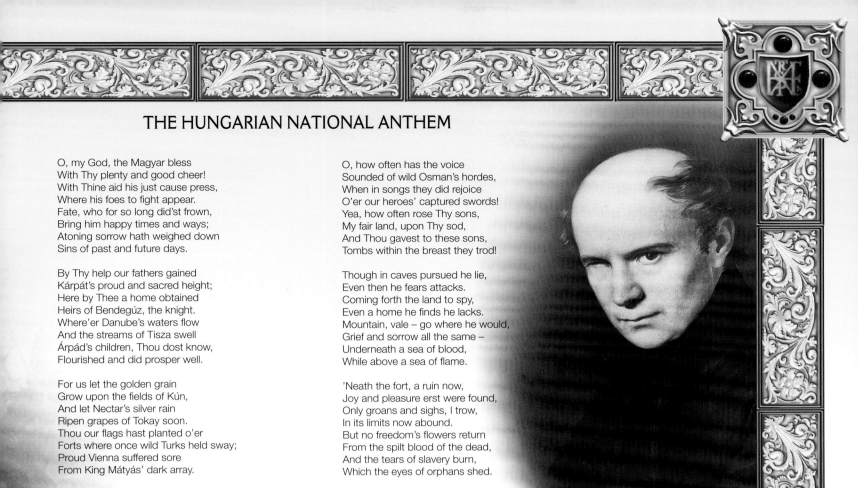

O, my God, the Magyar bless
With Thy plenty and good cheer!
With Thine aid his just cause press,
Where his foes to fight appear.
Fate, who for so long did'st frown,
Bring him happy times and ways;
Atoning sorrow hath weighed down
Sins of past and future days.

By Thy help our fathers gained
Kárpát's proud and sacred height;
Here by Thee a home obtained
Heirs of Bendegúz, the knight.
Where'er Danube's waters flow
And the streams of Tisza swell
Árpád's children, Thou dost know,
Flourished and did prosper well.

For us let the golden grain
Grow upon the fields of Kún,
And let Nectar's silver rain
Ripen grapes of Tokay soon.
Thou our flags hast planted o'er
Forts where once wild Turks held sway;
Proud Vienna suffered sore
From King Mátyás' dark array.

But, alas! for our misdeed,
Anger rose within Thy breast,
And Thy lightnings Thou did'st speed
From Thy thundering sky with zest.
Now the Mongol arrow flew
Over our devoted heads;
Or the Turkish yoke we knew,
Which a free-born nation dreads.

O, how often has the voice
Sounded of wild Osman's hordes,
When in songs they did rejoice
O'er our heroes' captured swords!
Yea, how often rose Thy sons,
My fair land, upon Thy sod,
And Thou gavest to these sons,
Tombs within the breast they trod!

Though in caves pursued he lie,
Even then he fears attacks.
Coming forth the land to spy,
Even a home he finds he lacks.
Mountain, vale – go where he would,
Grief and sorrow all the same –
Underneath a sea of blood,
While above a sea of flame.

'Neath the fort, a ruin now,
Joy and pleasure erst were found,
Only groans and sighs, I trow,
In its limits now abound.
But no freedom's flowers return
From the spilt blood of the dead,
And the tears of slavery burn,
Which the eyes of orphans shed.

Pity, God, the Magyar, then,
Long by waves of danger tossed;
Help him by Thy strong hand when
He on grief's sea may be lost.
Fate, who for so long did'st frown,
Bring him happy times and ways;
Atoning sorrow hath weighed down
All the sins of all his days.

translated by William N. Loew

DIE UNGARISCHE NATIONALHYMNE

Segn' oh Herr mit frohem Mut
Reichlich den Magyaren
Schütz' ihn gegen Feindeswut
In des Kampfs Gefahren;
Gönn nach langem Missgeschick
Ihm ein Jahr der Freude,
Hat's bezahlt, der Zukunft Glück,
mit vergangnem Leide!

Unsere Väter führtest du
Über Karpat's Höhen
Ihrer neuen Heimat zu,
Mit des Sturmes Wehen.
Und wohin durch's weite Land
Theiß und Donau ziehen,
Sieht man rings an ihrem Stand
Árpád's Stamm erblühen.

Auf Kumaniens Flächen reift
Reicher Erntesegen,
Und aus Tokaj's Reben träuft
Süßer Nektarregen,
Unsre Fahnen hast gepflanzt
Du auf Türk'sche Zinnen,
Um Wien's Beste, stolz verschanzt
Mathias Scharen minnen.

Doch ob unsrer Schuld erregt
Zorn die Brust dir wieder,
Und der Blitzstrahl, zündend, schlägt
Aus der Wolke nieder.
Des Mongolen Pfeil durchbringt
Räub'risch Ungarherzen,
Im türk'schen Joche ringt
Unser Volk mit Schmerzen.

Ach, wie oft vom Leichenwall
Unsrer toten Brüder
Klang des Osmansliedes Schall
Siegberauscht hernieder.
Hart bedrängt und ohne Ruh'
Land von selt'ner Schöne
Wardst zur Todesurne du
Deiner eigenen Söhne.

(...)

Jammer, Todesröcheln hallt
Jetzt durch wüste Trümmer,
Wo vom Schloss einst Jubel schallt
In des Glanzes Schimmer,
Ach, und nicht die Freiheit blüht
Aus des Blutes Lauge,
Schnöder Knechtschaft Träne glüht
Heiß im Waisenauge.

Gott! Erbarme des Ungarn dich
In des Schicksals Stürmen,
Sei ihm Schutz, wenn ringsum sich
Qualeswogen türmen.
Gönn' nach langem Missgeschick
Ihm ein Jahr der Freude,
Hat's bezahlt, der Zukunft Glück,
mit vergangnem Leide!

Übersetzt von Gustav Steinacker

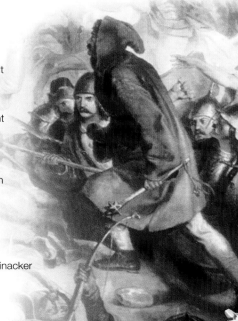

To your Homeland be Faithful without Fail...

Mihály Vörösmarty (1800–1855) didn't write his poem entitled Summons (Szózat) on one day a day, but rather struggled with it for months, constantly rewriting it between 1835 and 1836. He carried its fourteen, four-line stanzas with him for a whole year. This poem – just like the National Anthem – is about grim matters. The poem is about the land where the Hungarian forefathers' blood was spilled, where they crushed their oppression and brandished the bloody flags of the country, the inhabitants of which went through misfortune, discord, bitter suffering, life and death, and were ravaged by fate.

Vörösmarty lived to hear the musical accompaniment for the Summons on many occasions. A competition was announced to write a musical score for it, which instead of a musician, was won by versatile actor Béni Egressy, who wrote the best, most beautiful music for it – even though it took him two occasions to actually sense the depth of the lyrics enough to write the winning melody.

As early as a hundred years ago, the Hungarian cadets studying at German military schools often sang the Hungarian Anthem or the Summons instead of the Austrian anthem, the "Gott erhalte" which celebrated the Habsburgs, which even led to a parliamentary address and the passing of a law. They slowly accepted the fact that if an occasion isn't too important or grave, then instead of singing the National Anthem, people sing the Summons to this very day. So what's the difference between them? Although this song is also about the tragic events of the past – this is only true for the first half. The second half of the song is more optimistic, since the author believed that "There yet shall come if come there must that better, fairer day..." We all hope he was correct.

Hazádnak rendületlenül...

Szózat

*Hazádnak rendületlenűl
Légy híve, oh magyar;
Bölcsőd az s majdan sírod is,
Mely ápol s eltakar.*

*A nagy világon e kívűl
Nincsen számodra hely;
Áldjon vagy verjen sors keze:
Itt élned, halnod kell.*

Vörösmarty Mihály
(1800-1855)

Vörösmarty Mihály (1800–1855) nem egy napon írta a Szózatot. Hónapokig gyötrődött vele, át- meg átírta valamikor 1835 vége és 1836 vége között. Egy álló évig hordozta magában a tizennégy, egyenként négysoros versszakot. Itt is – akárcsak a Himnuszban – komor dolgokról esik szó. A vers arról a földről szól, ahol apáink vére folyt, ahol rabigát törtek össze, véres zászlókat hordoztak, amelynek lakóit balszerencse sújtotta, viszály, keserves szenvedés, élet és halál, ami a nemzet sírja, amit a megverő sors tépett.

Vörösmarty még megérhette a Szózat megzenésítését, hallotta is sokszor. A dallam megírására pályázatot írtak ki. Nem zenész, hanem a sokoldalú színész Egressy Béni dallama lett a legjobb, a legszebb. Igaz, csak második nekifutásra tudta annyira átélni a szöveg értelmét, hogy nyerni is tudjon vele.

Száz évvel ezelőtt is megtörtént, hogy német nyelvű katonaiskolákban a magyar kadétok a magyar Himnuszt vagy a Szózatot énekelték az osztrák himnusz, a Habsburgokat éltető „Gott erhalte" helyett, amiből még parlamenti interpelláció, sőt törvénycikk is született. Ha lassan is, de elfogadottá vált: amikor nem annyira fontos és komor az ünnep hangulata, akkor nem a Himnuszt, hanem a Szózatot énekeljük mindmáig. Van különbség a két mű között? Bár itt is a múlt tragikus eseményeiről szól a dal – első fele. Mert a második már sokkal optimistább, hisz a szerző biztos benne, hogy „még jőni kell, még jőni fog egy jobb kor..."

Mindnyájan ebben bízunk.

Deiner Heimat sei unerschütterlich treu...

Der Dichter, Mihály Vörösmarty (1800–1855) schrieb sein Gedicht mit dem Titel Szózat (Aufruf) nicht an einem einzigen Tag. Er grübelte darüber lange, zwischen 1835 und 1836 bearbeitete es mehrmals. Ein ganzes Jahr hat er an den vierzehn Strophen mit je vier Zeilen gearbeitet. Hier geht es - wie in der Hymne - um düstere Themen. Das Gedicht handelt von dem Boden, wo unsere Väter ihr Blut vergossen, das Joch abschüttelten, blutbefleckte Fahnen trugen, wo sie Unglück, Zwietracht, Leid, Leben und Tod erleiden mussten, und der das Grab dieser vom Schicksal geplagten Nation wird. Vörösmarty lebte noch, als sein Gedicht vertont wurde, er konnte es sich oft anhören. Für die Vertonung wurde eine Bewerbung ausgeschrieben. Die beste und schönste Melodie wurde aber nicht von einem Musiker, sondern von einem Schauspieler, namens Béni Egressy geschrieben. Er konnte aber erst beim zweiten Versuch den Sinn des Gedichtes richtig verstehen, um zu gewinnen.

Vor 100 Jahren kam es in den österreichischen Kadettenschulen vor, dass die ungarischen Kadetten die ungarische Hymne und den Aufruf anstatt der österreichischen Hymne „Gott erhalte..." sangen, was sogar eine parlamentarische Interpellation und den Erlass eines neuen Gesetzesartikels zur Folge hatte.

Der Aufruf wurde aber langsam akzeptiert. Zu nicht so wichtigen und düsteren Anlässen wird nicht die Hymne, sondern der Aufruf gesungen. Gibt es eigentlich einen Unterschied zwischen den zwei Gedichten? Im Aufruf geht es auch um die tragischen Ereignisse der Vergangenheit, aber nur in der ersten Hälfte. Später klingt das Gedicht schon optimistischer, denn der Dichter ist sich dessen sicher: „es muss eine bessere Zeit kommen, und sie wird kommen...".

Wir alle hoffen darauf.

Die Hymne der Szekler

Den Nimbus gab der Szekler-Hymne die Tatsache, dass sie in der Zeit des „Sozialismus" verboten war, und weder in Ungarn noch in Rumänien öffentlich gesungen werden durfte. Das Lied entstand 1921 nach dem Trianon-Vertrag. Der von Zoltán Csanády verfasste Text wurde von Kálmán Mihalik vertont. Sie wollten keine Hymne schreiben, trotzdem gilt ihr Werk als eine Hymne, und nicht nur im Szeklerland. Als Ungarn den nördlichen Teil Siebenbürgens im zweiten Weltkrieg zurückbekam, wurde das Lied überall gesungen, Dann nach dem fünfzigjährigen Verbot wurde es wiedergeboren. Die ursprünglichen acht Zeilen lauten so:

„Wer weiß wohin, wohin das Schicksal führt
auf der holprigen Straße, in der dunklen Nacht.
Führe Dein Volk noch einmal zum Sieg,

Königssohn Csaba, auf einem himmlischen Pfad.
Eine Handvoll Székelys zerfällt zu Staub, wie der Felsen
im brausenden Meer der Völkerkämpfe.
Hundert mal überschüttet die Flut unseren Kopf,
oh, unser Gott, lass' Siebenbürgen nicht verloren gehen!"
(Deutsche Übersetzung: Hans-Gerd Finke)
Mit kleinen Veränderungen wurde diese Version lange gesungen. Später wurden noch mehr Zeilen hinzugeschrieben. Der neueste Text verbreitet sich jetzt, obwohl nur die ursprünglichen Zeilen gesungen werden. Es gab eine Bearbeitung von Béla Bartók, als Teil seines Werkes „Ein Abend bei den Szeklern" (Este a székelyeknél), die falsch als „alte Szekler-Hymne" bezeichnet wird. Aber der Text des Bartók-Stückes ist dem von Csanády und Mihalik geschriebenen Werk überhaupt nicht ähnlich.

A Székely himnusz

The Székely Anthem

What made this song truly special was that it was banned during the "Socialist" era and people weren't allowed to sing it in public, neither in Hungary, nor in Romania. The song was written after the Trianon peace treaty of 1921. Zoltán Csanády wrote the lyrics, whist Kálmán Mihalik wrote the music. Although they didn't intend to, the song ended up as an anthem and is still regarded as an anthem and not just in Székely lands. When Hungary regained Northern Transylvania due to the decisions of the great political powers, the song was played everywhere and was reborn after a half century of prohibition. The original eight lines are as follows:

Who knows where destiny takes us
On rough roads at dark night.
Help your nation to victory once more,
Prince Csaba, on the stars' path.
Handful of Székely being crushed like cliffs
On the sea storming from the battle of nations.
Our heads are a thousand times covered by the tide,
Don't abandon Transylvania, Transylvania, My God!
The song spread everywhere with minor variations. Longer versions were written later on, amending the original two stanzas to a length of fifteen stanzas by amateur writers. These latest creations are spreading fast, even though only the first two stanzas are sung. There was even a version by Bartók, which is a part of his work entitled "An evening at the Székely village" (Este a székelyeknél) which is (mistakenly) called the "Old Székely anthem", but its text isn't similar in any way to the Csanády-Mihalik version.

Nimbuszát főleg az adta, hogy a „szocializmus" időszakában betiltották, nyilvánosan nem volt szabad énekelni sem Magyarországon, sem Romániában. A dal Trianon után, 1921-ben született, szövegét Csanády Zoltán írta, zenéjét Mihalik Kálmán szerezte. Bár nem igazi himnusz írása volt a céljuk, a dal mégis azzá lett, és mindmáig annak is tekintik, nem csak Székelyföldön. Amikor a nagyhatalmak döntése alapján Magyarország visszakapta Észak-Erdélyt, a dalt mindenfelé játszották, majd fél évszázados tiltást követően a rendszerváltás után mintegy újjászületett. Az eredeti nyolc sor így hangzott:

Ki tudja, merre visz a végzet,   *Maroknyi székely porlik, mint a szikla,*
Göröngyös úton sötét éjjelen.   *Népek harcától zajló tengeren.*
Segítsd még egyszer győzelemre néped,   *Fejünk az ár ezerszer elborítja,*
Csaba királyfi csillagösvényen.   *Ne hagyd el Erdélyt, Erdélyt, Istenem!*

Kisebb változtatásokkal ezt énekelték sokáig. Később készültek sokkal bővebb változatok, mert az eredeti két négysoros versszakot immár tizenötre kiegészítették az amatőr szövegírók. Az újabb változat mostanában terjed, bár továbbra is csak az első két szakaszt, az eredetit éneklik.

Volt egy Bartók-féle változat is, amely része az „Este a székelyeknél" c. művének, ezt (tévesen) „régi Székely himnusznak" nevezik. Ennek szövege szinte egyáltalán nem is emlékeztet a Csanády–Mihalik-féle változatra.

The National Song

The original manuscript of the poem still exists. If someone assumes that the poem was written on the morning of 15 March 1848 in a moment of revolutionary fervour, they're sure to be disappointed. Sándor Petőfi wrote the National Song two days earlier and made corrections to the text.

He originally wrote "On your feet, Magyar, now or never!" and then he clearly crossed out the first three words and wrote the new, commonly known version of it: "the homeland calls!" From there on, it continues as known: "The time has come, now or never!"

We can tell from the original manuscript that although it was written earlier, the poet wrote it in a single sitting. There are no other corrections apart from the one made in the first line and the poet was swept away by fervour and all the words fell into place.

There are millions of words in the Hungarian language, but Petőfi didn't hesitate to choose the right ones.

Is that how the revolution affects the brain of an artist, is that how a masterpiece is written? Let's be fair: throughout the history of Hungary, there are no other literary works that suit the event they were written for so fittingly. The poem epitomises revolution itself, captured in the line "On your feet, Magyar, the homeland calls…!"

The National Song was printed in the first hours of the freedom of the press and was quickly distributed amongst the people. There was no other poem in Hungary history that was as popular as this poem was at the time – or in later years. Even after the fires of the revolution were extinguished, thousands of rebellious young people read and recited it in secret, with weapon and torch in hand.

A Nemzeti dal

Birtokunkban van az eredeti kézirat. Ha valaki azt hiszi, a dal 1848. március 15-én reggel született, pillanatnyi hevületben, a már kitört forradalom lángolásában, bizony kicsit csalódni fog. Petőfi Sándor a Nemzeti dalt két nappal előbb írta, és javított is benne. Eredetileg azt vetette papírra, hogy „Talpra, magyar, most vagy soha!", aztán jól láthatóan áthúzta az utolsó három szót, és föléje írta az új, a később mindnyájunk által megismert változatot: „hí a haza!" Onnantól aztán folytatódik már úgy, ahogyan ismerjük: „Itt az idő, most vagy soha!"

Látszik a kéziraton is, hogy bár korábban készült, azért a költő egyetlen lendülettel írta. Azon az első soron kívül sehol nincs javítás, a költőt magával sodorta a láz, és minden szó a helyére került. Millió szó van a magyar nyelvben, de Petőfinek egyetlen pillanatig sem kellett töprengenie, mit válasszon közülük. Vajon így hat a forradalom a művészagyra, így születik a remekmű? Mert valljuk be, nem ismerünk még egy irodalmi művet a magyar történelemben, amely ennyire odaillett volna az eseményhez, amire írták, amiért született. Ez a vers maga a forradalom, a forradalom pedig a „Talpra, magyar…!"

A Nemzeti dalt kinyomtatták a sajtószabadság első óráiban, és az emberek szétkapkodták. Vers magyar földön még nem volt ilyen népszerű soha, mint ez ott és akkor. Meg később is. Már kihunyt a forradalom lángja, de ekkor meg lázongó fiatalok olvasták és szavalták titokban, egyszerre volt a kezükben fáklya és fegyver.

Das Nationallied

Wir kennen das ursprüngliche Manuskript. Wer glaubt, dass dieses Gedicht am 15. März 1848, in spontaner Aufruhr und in der Begeisterung der ausgebrochenen Revolution geschrieben wurde, wird bitter enttäuscht sein. Sándor Petőfi warf das Nationallied zwei Tage früher aufs Papier, und er machte sogar einige Korrekturen. Zuerst schrieb er: „Auf, Magyaren, jetzt oder nie!", dann strich er die letzten drei Wörter durch und formulierte die heute bekannte Variante: "die Heimat ruft!", und dann folgt „Zeit ist's, euch zum Kampf zu scharen!"

Man kann am Manuskript sehen, dass der Dichter den Text in einem Schwung schrieb, wenn auch zwei Tage vor der Revolution. Außer den ersten Zeilen gibt es keine anderen Korrekturen im Text, das revolutionäre Fieber hat den Dichter mitgerissen, und jedes Wort fand sofort seinen Platz. Die ungarische Sprache besteht aus vielen Tausend Wörtern, aber Petőfi musste keine Minute nachdenken, welche er auswählen soll. Wirkt die Revolution so auf das Gehirn eines Künstlers? Entsteht so ein Meisterwerk? Denn es ist klar, dass es in der ungarischen Literatur kein anderes literarisches Werk gibt, das zu den Ereignissen, in denen und für die es entstand, so gut gepasst hätte. Dieses Gedicht ist die Revolution selbst, und die Revolution ist „Auf, die Heimat ruft, Magyaren!"

Das Nationallied wurde in den ersten Stunden der Pressefreiheit gedruckt und von den Menschen sofort vergriffen. Es gab in Ungarn noch kein anderes Gedicht, das so populär gewesen wäre, wie das Nationallied in dieser Zeit, und auch später. Als die Flamme der Revolution erlosch, wurde es von jungen Rebellen, die Fackel und Waffe in der Hand hielten, gelesen und vorgetragen.

„Unokáink leborulnak"

"Our grandchildren will kneel" – „Unsere Kinder knien nieder"

Coloman the Book-lover

King Coloman (Kálmán) (1074–1116, reigned from 1095) really had books, although there were only 20-30 in number. Amongst the circumstances at the time, however, this was enough to call the humpbacked, hobbling, seemingly handicapped prince a "book-lover", making his family raise him as a priest, whilst his younger brother was intended to become the king. Coloman became a bishop, forced to flee the country because of the war-like conditions in his homeland. In the end, however, he was called home and became the king: the blood of Árpád ran through his veins.

He surprised everyone with his determination and intelligence. Thus, an educated and enlightened man oversaw the matters of the country. Still, fate dealt him a number of trials and tribulations: his younger brother was constantly rebelling against him and he came with force to seize the throne, but in the end – regardless of his brotherly love – Coloman captured him and blinded him along with his son in order to get him out of the way.

Coloman the book-lover proved to be a good monarch. Apart from constant inland and foreign fighting, he renewed the laws, abolishing or modifying the most drastic laws, prohibiting witch trials and supporting religious and worldly reform as well as creating a new system of taxation. During his reign, not only was the legal code revised, but also the customs and part of the administrative system of Hungary.

We could say that the wise monarch established the new image, ethos and structure of the medieval Hungary. He devoted half his life to his struggle against outdated ways of thinking: thus we could say that – as strange as it may sound – Coloman the book-lover was a modern man!

Könyves Kálmán

Kálmán királynak (1074–1116, uralkodott 1095-től) tényleg voltak könyvei. Nem sok, talán 20-30 kötet. Ez az akkori viszonyok között már elég volt arra, hogy a púpos, furcsán mozgó, fogyatékos benyomását keltő királyfit „könyvesnek" nevezzék, és papnak szánják, az öccsét jelölve királynak. Kálmán püspök lett, majd a hazai háborús viszonyok miatt lengyel földre menekült. Végül hazahívták, és király lett. Árpád vére volt ő is.

Mindenkit meglepett okosságával és határozottságával. Művelt és felvilágosult ember vette hát kézbe az ország ügyeit. Bár a sors sokszor próbára tette: öccse folyton lázadt ellene, haddal jött a trónért, végül – testvéri szeretet ide vagy oda – Kálmán elfogatta, és a kisfiával együtt megvakíttatta, hogy végre megszabaduljon tőlük.

Könyves Kálmán jó vezetőnek bizonyult. Az állandó kül- és belföldi harcok mellett megújította a törvényeket, a drasztikusakat eltörölte vagy enyhítette, tiltotta a boszorkánypereket, támogatta az egyházi és világi reformokat, új adórendszert talált ki.

Uralkodásának ideje alatt nemcsak a jogrend született újjá, hanem a magyar királyság szokásai, és részben még a közigazgatása is. Azt mondhatjuk, hogy ez a bölcs uralkodó alakította ki a középkori Magyarország új képét, szellemét és szerkezetét. Fél életét az elmaradott gondolkodás elleni küzdelemnek szentelte: azt is mondhatjuk, hangozzék bármilyen furcsán, hogy Könyves Kálmán modern ember volt!

Kálmán, der Bücherfreund

König Kálmán (1074–1116) hatte tatsächlich Bücher, nicht viele, nur 20-30 Bände, aber das reichte unter den damaligen Umständen, um den buckeligen, sich komisch bewegenden, körperbehindert wirkenden Königssohn „Bücherfreund" zu nennen und dem geistlichen Beruf zu weihen. Sein jüngerer Bruder wurde zum Thronfolger gewählt. Kálmán wurde Bischof, dann flüchtete er vor den kriegerischen Verhältnissen nach Polen. Später wurde er zurückgerufen und zum König gekrönt. Er war der Nachfolger der Arpaden. Er überraschte alle mit seiner Klugheit und Entschlossenheit. Ungarn wurde von einem gebildeten und aufgeklärten Herrscher regiert. Oft stellte ihn das Schicksal auf die Probe: sein Bruder erhob sich ständig gegen ihn, griff ihn mit einem Heer an. Kálmán ließ ihn festnehmen und mit seinem kleinen Sohn zusammen blenden, um sie endlich loszuwerden.

Kálmán erwies sich als guter Herrscher. Er musste ständig im In- und Ausland kämpfen, aber er erneuerte die Gesetze, strich oder milderte die drastischen Bestimmungen, verbot die Hexenprozesse, unterstützte die kirchlichen und weltlichen Reformen, führte ein neues Steuersystem ein. Während seiner Herrschaft erneuerten sich nicht nur die Rechtsordnung, sondern auch das Brauchtum und die Verwaltung des Landes.

Man kann schon sagen, dass dieser weise König das Bild, den Geist und den Aufbau des mittelalterlichen Ungarns neu gestaltet hatte. Er widmete sein halbes Leben dem Kampf gegen eine rückständige Denkweise: so komisch es auch klingt, er kann als modern bezeichnet werden.

The rebellious poet of Hungary

Janus Pannonius (1434–1472), originally named János Cszemicei, was a superb European poet in his age: he wrote his poems in Latin and thus his works were read and understood everywhere on the continent.

The half-orphaned boy of Slavonian descent was raised by one of his relatives, King Matthias's educator, Archbishop Vitéz. He sent him to Italy to study, where he soon gained repute for his poetry. He used the knowledge he gained in foreign universities in his homeland, but first wandered throughout the sunny country and got to know almost all its major figures.

He chose a career as a priest, which ran parallel to King Matthias's reign: he worked at the royal court and served as a bishop in a number of cities. He contracted lung disease and thus the king sent him to various places of healing in foreign countries as

a diplomat. In exchange, he accompanied Matthias on his foreign military campaigns. However, he became disillusioned with the king in 1470. He felt that Matthias was blinded by the mirage of his western conquests, whilst neglecting to reinforce the southern borders – a view that was shared by many at the time. Janus Pannonius joined the ranks of the conspirators who wished to get rid of Matthias in order to supplant him with a Polish king. Matthias, of course, pounced on the conspirators and the sick poet was forced to flee to Italy as fast as he could – where he hoped to find solace – but he was overcome by lung illness during his journey. Matthias forgave him and buried his friend in Pécs, where his grave was left unmarked for over five hundred years and was only recently discovered, containing the bones of the poet, politician and rebel.

A pannon költő lázadása

Janus Pannonius (1434–1472), eredeti nevén Cszemicei János, kiváló európai költő volt a maga korában: latinul írt, így mindenhol értették és becsülték műveit.

A félárva, szlavóniai származású fiút egyik rokona, Mátyás király nevelője, Vitéz János neveltette. Itáliába küldte tanulni, ahol költészetével hamarosan hírnevet szerzett magának. Ottani egyetemeken szerzett tudását később itthon használta fel, előtte bejárta a napfényes országot, és szinte minden híres emberrel megismerkedett.

Papi hivatást választott. Karrierje éppen Mátyás mellett indult el: dolgozott a királyi udvarban, és püspökként szolgált több városban. Tüdőbeteg lett, ezért a király gyakran küldte diplomataként külföldre, gyógyhelyekre. Ő pedig cserébe elkísérte Mátyást külföldi hadjárataira. 1470-ben azonban csalódott a királyban. Sokakkal együtt úgy érezte, Mátyást elvakította a nyugati hódítások délibábja, miközben elhanyagolja a déli határok védelmét a török ellen. Janus Pannonius csatlakozott az összeesküvőkhöz, akik Mátyástól megszabadultak volna, hogy egy lengyel királyt ültessenek a helyére. Mátyás persze lecsapott az összeesküvőkre, a beteg költő lóhalálában menekült Itália felé – ott remélt menedéket –, de útközben a tüdőbaj legyőzte őt. Mátyás később kiengesztelődött, barátját Pécsett temettette el, ahol sírja félezer éven át ismeretlen volt, és csak mostanában lelték fel, benne a költő-politikus-lázadó csontjaival.

Der Aufruhr des pannonischen Dichters

Janus Pannonius (1434–1472) hieß ursprünglich János Cszemicei. Er war in seiner Zeit ein hervorragender Dichter: er schrieb in lateinischer Sprache, so konnten seine Werke überall verstanden und geschätzt werden.

Als Halbwaise, die aus Slawonien stammte, wurde er von János Vitéz, einem Verwandten erzogen, der der Erzieher von König Matthias war. Vitéz schickte ihn nach Italien, wo ihn seine Gedichte bald bekannt machten. Das Wissen, das er an den italienischen Universitäten erwarb, konnte er später in Ungarn gut gebrauchen. Er bereiste ganz Italien und lernte fast alle berühmten Persönlichkeiten kennen. Er wurde Priester. Seine Karriere begann er bei König Matthias: er arbeitete am Hof des Königs, und diente als Bischof in mehreren Städten.

Er war lungenkrank, deshalb schickte ihn der König oft als Diplomat ins Ausland, in Kurorte. Dafür begleitete er den König auf seinen Feldzügen im Ausland. 1470 enttäuschte ihn der König. Er hatte, wie viele andere das Gefühl, dass sich der König von der Fata Morgana der westlichen Eroberungen blenden ließ, und die Verteidigung der Südgrenze gegen die Türken vernachlässigte. Janus Pannonius schloss sich den Verschwörern an, die statt Matthias einen polnischen König auf den Thron Ungarns setzen wollten. König Matthias schlug aber die Verschwörung nieder. Der kranke Dichter floh in Richtung Italien, wo er Zuflucht finden wollte, erlag aber unterwegs seiner Krankheit. Der König vergab später seinem Freund, und ließ ihn in Pécs begraben, wo sein Grab ein halbes Jahrtausend lang unbekannt blieb, erst vor kurzem wurden die Gebeine des Dichter-Politiker-Rebellen entdeckt.

IV. Béla király

Béla (1206–1270, uralkodott 1235-től) volt a „Bánk bános" II. Endre (András) és a meráni Gertrudis fia. Jóllehet az ismert dráma a valóságban nem egészen úgy zajlott le, tény, hogy miután IV. Béla trónra került, gyakorlatilag kiirtotta anyja gyilkosait, ama régi összeesküvés még élő tagjait.

Béla a nagy rendcsinálás közepette kapta az első híreket a közelgő tatárokról. Kis híján magára maradt aztán, a sértett főurak alig hoztak neki hadakat, a „turáni átok", a magyar széthúzás egyik oka lett aztán a csatavesztés. A tatárok 1241-ben már szabadon garázdálkodhattak, feldúltak minden várost és falut, megöltek mindenkit, akit csak tudtak.

A király az Adria egyik szigetére menekült előlük. Miután a tatárok eltakarodtak, kiderült, hogy Béla király remek szervező, ért az újjáépítéshez, a maradék nemzet integrálásához. Nem véletlen, hogy szinte a romokból sikerült neki felépítenie Magyarországot.

Félelemben, szenvedésben, nyomorban hagyott emberekkel kellett elölről kezdenie egy állam létrehozását, ahol nem voltak templomok, megsemmisültek az irattárak (a „telekkönyvek"), a bíróságok, mindent elnyelt a káosz. Béla új városokat építtetett, okulva a múltból, azokat fallal vétette körül, lakosokat telepített a kipusztított vidékekre, pénzzel támogatta az állami intézményeket, és újraindította a közigazgatást, az államszervezetet. Mondhatni, „reanimálta", újjáélesztette a társadalmat. Mindez múlhatatlan érdemeket szerzett neki, amiért a „második államalapító" elnevezést is kapta.

König Béla IV.

Béla (1206–1270) war der Sohn von Andreas II. und von Gertrud von Meranien, die aus dem ungarischen Drama „Bánk bán" bekannt sind. Die Ereignisse, die in diesem Drama beschrieben werden, passierten in der Wirklichkeit teilweise anders. Béla aber, nachdem er den Thron bestiegen hatte, ließ die Mörder seiner Mutter, die noch am Leben waren, ermorden. In dieser Zeit erschienen die ersten Nachrichten über die Mongolengefahr. Der König blieb fast allein, die ungarischen Adeligen, die sich beleidigt fühlten, unterstützten ihn kaum mit ihren Banderien. Der "Turaner Fluch", die Zwietracht, trug entscheidend zu der Niederlage bei. 1241 durften die Tataren frei, ohne Widerstand das Land plündern, sie verwüsteten jedes Dorf und jede Stadt, und töteten alle, die sie nur konnten. Der König flüchtete auf eine Insel in der Adria. Nachdem die Mongolen Ungarn verlassen hatten, erwies sich der König als guter Organisator, der sofort mit dem Wiederaufbau und der Integrierung der Überlebenden begann. Er konnte das Land aus den Trümmern wiederaufbauen.

Er musste mit Menschen, die unter Furcht und Elend litten, einen Staat aufbauen, in dem die Kirchen, die Archive ("Grundbücher") und die Gerichtsbarkeit völlig zerstört wurden, und überall Chaos herrschte. Béla ließ neue Städte mit Mauern bauen, weil er aus der Vergangenheit gelernt hatte, siedelte Siedler in den verwüsteten Gebieten an, unterstützte die staatlichen Einrichtungen und gestaltete die Verwaltung und den Staat neu. Die ganze Gesellschaft wurde zu neuem Leben erweckt. Damit erwarb er sich unvergessliche Verdienste, deshalb wird er „als zweiter Staatsgründer" verehrt.

King Béla IV

King Béla IV (1206–1270, reigned from 1235) was the son of King Endre II (known from the popular play "Bánk Bán") and Gertrude of Meran. Although the play doesn't precisely mirror the exact historical events, it's true that once Béla IV took to the throne, he practically eradicated his mother's murderers, the known living members of the old conspiracy. Amidst these activities, King Béla received news of the approaching Mongol hordes. He was almost left to his own devices, since the offended Hungarian nobles barely provided him with any soldiers, and thus the "curse of Turan", the discord amongst the Hungarians was the reason why they lost the battle.

The Mongols began pillaging in the country from 1241, ravaging every town and village and killing as many people as they could. The king fled from their advances to an land in the Adriatic. Once the Mongol hordes left, it turned out that King Béla was a great organiser who was good at rebuilding his country and integrating what was left of the nation. It's no coincidence that he managed to rebuild the country from its ruins.

He had to restart the establishment of a state with people left in fear, suffering and poverty, without any churches, records ("land-registers") or courts – everything was swept away by chaos. Béla built new towns and learnt a lesson from the past and decided to surround them with walls, inhabiting abandoned regions with settlers and financially supporting state establishments as well as reinitiating the public administration and the state functions. We could say he "reanimated" the whole of society. He earned indispensable merit throughout all of this, gaining the title of "the second founder of the country".

Hunyadi Mátyás, az igazságos

Élete kész kalandregény. A nagy hadvezér kisebbik fia (1443–1490, uralkodott 1458-tól) apja halála után belekeveredett a politikai harcokba. A bátyját elfogták és kivégezték, őt Prágába hurcolták és bebörtönözték – még tizenöt éves sem volt ekkor. A magyar, latin és német mellé gyorsan megtanult csehül is, kis híján sikerült megszöknie, de közben itthoni rokonai a távollétében királlyá választották. Hogy szabadulhasson, el kellett vennie az őt fogva tartó cseh király lányát.

Első dolga volt, hogy szétcsapott hatalméhes rokonai között, akik azt hitték, majd ők vezetik az országot a „gyerek" nevében.

De a tizenéves király kimutatta oroszlánkörmeit és elismertette magát bel- és külföldön egyaránt.

Uralkodása a középkori Magyarország csúcsidőszaka volt. Nála jobban senki sem erősítette meg a központi hatalmat. Magyarország sokat gyarapodott ekkor kultúrában, gazdaságban, még területileg is. Mátyás megszervezte a kontinens első állandó királyi seregét, a 40 ezer fős „fekete sereget". A király háború esetén már nem függött a nagyuraktól kapott (vagy nem kapott) katonáktól.

Itália után a reneszánsz itt terjedt el a leginkább: második, immár olasz felesége rengeteg művészt vonzott Budára. Bámulták a király műveltségét és háromezer kötetes könyvtárát, a Budán is készülő Corvinákat. Egész Európából özönlöttek ide a tudósok, a csillagjósok – ezzel maga a király is foglalkozott –, de sarlatánok, szélhámosok és aranycsinálók is.

A király számos hadi sikert aratott: elfoglalta Morvaországot és Sziléziát, és bár kezdetben elhanyagolta a törökök elleni hadjáratokat, később pótolta a mulasztást. Bécs, sőt fél Ausztria is az övé lett, uralkodásának vége felé ő maga is Bécsbe költözött Budáról. Néhányszor összeesküdtek ellene az urak, hozzá közel álló személyek is, de Mátyás mindenről időben tudomást szerzett, és leverte az összeesküvőket, a lázadókat. Hol nagyon kemény volt, hol meg simulékony diplomata, aki bárkit képes volt a maga oldalára állítani ígéretekkel, észérvekkel vagy éppen fenyegetéssel. Gondja volt az utódlással: itáliai felesége nem szült neki fiút. Mátyás törvénytelen fiát, a mozgássérült Corvin Jánost a nagyurak nem fogadták el királynak.

1490-ben, egy kiterjedt közép-európai birodalom építése közben érte Mátyás királyt a halál. Még csak negyvenhét éves volt, ezért röppentek fel olyan hírek, hogy megmérgezték. Vannak is erre utaló jelek, de ez már semmit sem változtathatott a dolgokon. Tény, hogy az ő uralkodása alatt volt Magyarország a legnagyobb és legerősebb önálló ország egész történelme folyamán.

Matthias Hunyadi, the Just

His life (1443–1490, reigned from 1458) was full of adventure. The younger son of the great general, János Hunyadi became involved in political conflicts after his father's death. His older brother was captured and executed, whilet he was dragged off and imprisoned in Prague – he wasn't even fifteen years old at the time. Apart from Hungarian, Latin and German, he also learnt the Czech language. He almost managed to escape, while his relatives left behind chose him as the king of Hungary. In order to be released, he was forced to marry the daughter of the Czech king who was holding him captive.

His first move was to deal with his power-hungry relatives who thought they could lead the country in the "child's" stead. However, the teenage king proved himself by making people recognize him both within and outside the country. His reign marks the golden age of medieval Hungary. There was no other king who strengthened the central rule of the king as he did. Hungary increased in culture, economy and even in territory. Matthias organised the first standing royal army on the continent, the 40 thousand-strong Black Army. Thus, in the case of a war, the king was no longer dependant on the soldiers he would or wouldn't receive from the noblemen of the country.

After Italy, Hungary was the second home of the renaissance: his second, Italian, wife brought a host of artists to Buda. They were amazed by the educated king and his 3000-volume library, the Corvinae, made in Buda. Scientists and astrologers – a subject which the king was interested in as well – flocked to the country followed of course, by charlatans, swindlers and fortune-seekers.

The King achieved a number of military results: he occupied Moravia and Silesia and although he initially neglected the campaigns against the Turks, he later made up for this lack. He occupied Vienna and half of Austria and towards the end of his reign, he moved his seat from Buda to Vienna. The nobles conspired against him on several occasions, including people who were close to him, but Matthias always found out about such plans in time and defeated all conspirators and rebels. Sometimes he was rough and harsh, while at other times he was gentle and diplomatic, winning everyone over with his promises, reasons or threats. However, he had trouble finding an heir: his Italian wife was unable to give birth to a son, whilst the nobles didn't accept Matthias's bastard son, the crippled János Corvin as their king. King Matthias died in 1490, while busy establishing his extended Central-European empire. He was only forty-seven years old at the time, so there were rumours that the king was poisoned. Although there are some indications that this might be true, it makes no difference now. However, it's a fact that during his reign, Hungary was the strongest and greatest country that it has ever been in its entire history.

Mátyás Hunyadi, der Gerechte

Sein Leben war ein Abenteuerroman. Als der jüngste Sohn (1443–1490) des großen Heeresführers, János Hunyadi wurde er nach dem Tod seines Vater in die politischen Kämpfe einbezogen. Sein Bruder wurde festgenommen und hingerichtet, er selbst wurde nach Prag gebracht und dort ins Gefängnis gesteckt. Er war noch keine 15 Jahre alt. Er sprach Ungarisch, Latein, Deutsch und lernte Tschechisch. Fast gelang es ihm, aus der Gefangenschaft zu fliehen. Inzwischen wählten ihn seine Verwandten in Ungarn in Abwesenheit zum König. Um sich aus der Gefangenschaft befreien zu können, musste er die Tochter des böhmischen Königs heiraten. Er kam nach Ungarn und wurde auf dem Eis der Donau zum König gekrönt. Als erstes zeigte er seinen machtgierigen Verwandten, die im Namen des "Kindes" regieren wollten, wer der Herr im Hause ist. Der 15jährige König zeigte seine Stärke und ließ sich sowohl im Inland als auch im Ausland anerkennen. Seine Herrschaft bildete den Höhenpunkt des mittelalterlichen Ungarns. Er baute eine zentralistische Macht aus. Ungarn entwickelte sich kulturell, wirtschaftlich, sogar sein Staatsgebiet vergrößerte sich. Matthias organisierte das erste ständige, königliche Heer in Europa, die 40000 Soldaten zählende Schwarze Schar. Der König war in Kriegszeiten nicht mehr auf die militärische Hilfe der Adeligen angewiesen.

Außerhalb von Italien verbreitete sich die Renaissance in Ungarn am schnellsten: seine zweite Frau, die aus Italien stammte, brachte viele Künstler nach Buda. Sie bewunderten das Wissen und die Büchersammlung, die Bibliotheca Corviniana des Königs, in der 3000 Bücher, die in Buda angefertigten Corvina, zu finden waren. Aus ganz Europa kamen Wissenschaftler und Astrologen – der König beschäftigte sich gern mit Astrologie -, aber auch Quacksalber, Hochstapler und Alchimisten.

Der König hatte zahlreiche Kriegserfolge: er eroberte Mähren und Schlesien, anfangs vernachlässigte er den Kampf gegen die Türken, aber später holte er dieses Versäumnis nach. Er besetzte Wien, die Hälfte von Österreich gehörte ihm, am Ende seiner Herrschaft siedelte aus Buda nach Wien um.

Einige Adeligen, sogar seine nächsten Anhänger verschworen sich gegen ihn, aber Matthias konnte immer rechtzeitig handeln, und schlug diese Verschwörungen nieder. Er war oft hart, aber er konnte auch ein schlauer Diplomat sein, der mit Versprechungen, Argumenten oder Bedrohungen jeden auf seine Seite stellen konnte. Sorge bereitete ihm die Frage der Thronfolge. Die Ehe mit seiner italienischen Frau blieb kinderlos. Sein unehelicher Sohn, der körperbehinderte János Corvin wurde von den ungarischen Baronen nicht akzeptiert. 1490 mitten im Ausbau eines mitteleuropäischen Reiches ereilte König Matthias der Tod. Er war 47 Jahre alt, deshalb verbreitete sich, dass er vergiftet wurde. Es gibt einige Hinweise darauf, aber das änderte nichts an der Tatsache seines Todes. Eins ist sicher, während seiner Herrschaft war Ungarn in seiner Geschichte das größte und stärkste selbständige Land.

A legnagyobb magyar

Széchenyi István (1791–1860) liberális arisztokrata családból származott (apja alapította a Nemzeti Múzeumot). Minden őse olyan magyar úr volt, aki szilárdan állt a Habsburgok és Bécs mellett. István gróf is meg volt győződve, hogy ezt az országot felemelni csak királyi segítséggel, az osztrák birodalom keretein belül lehet.

Tizenhét évesen már huszártisztként harcolt Napóleon ellen, később beutazta Nyugat-Európát, és amit ott látott, az éppen ellentéte volt a magyar viszonyoknak. Igyekezett az ottani dolgokat itthon meghonosítani, maga is pénzelt és vezetett vállalkozásokat, amelyek a polgárosodás felé vitték volna az embereket. Szabályoztatta a folyókat, hidat, gőzmalmot építtetett, folyami és balatoni hajókat gyártatott. Saját arisztokrata társai nyughatatlan bolondnak tartották, az egyszerűbb emberek pedig nem értették, mit is akar tulajdonképpen. Alig akadtak társai ebben a harcban, amit Magyarországért folytatott. Látta, hogy a Kossuth-féle radikálisok szakítani akarnak Béccsel. Ellenezte a forradalmat, hiszen az elmaradott, soknemzetiségű ország szegény és gyenge volt. Nagyon bántotta, hogy nem tudott hatni a forrófejűekre, és hogy a forradalmárok csaknem pusztulásba döntötték az országot. Reményt vesztetten visszavonult a politikától, később ez ingatta meg elméje állapotát, és okozta öngyilkosságát is az elmegyógyintézetben, ahol élete utolsó idejét töltötte. Széchenyi mára a higgadt, felelős gondolkodás példaképe a magyarok számára.

The Greatest Hungarian

István Széchenyi (1791–1860) came from a liberal aristocratic family (his father established the Hungarian National Museum). All his ancestors were noblemen who firmly supported the Habsburgs and the rulers of Vienna. Count István was convinced at the time that the country could only alleviate its troubles with royal help, as part of the Austrian empire.

At seventeen years of age, he fought against Napoleon as a cavalryman and later travelled throughout Western Europe and wherever he went, he saw that things were the opposite of the conditions he knew in Hungary. He tried introducing Hungary to things he saw abroad and he financed and operated a number of businesses himself which pushed the country towards a civilised state. He tried regulating rivers, built bridges and steam-mills, as well as ships for the Danube and Lake Balaton. His aristocratic peers thought he was a madman, whilst the commoners didn't understand his intentions. He only had a handful of allies in his struggle for Hungary.

He could tell that the Kossuth radicals wished to break away from Vienna. He was opposed to the revolution, since the undeveloped country with a host of nationalities was poor and weak. He was deeply upset at his inability to impress the hot-headed Hungarians that the revolutionaries were leading the country into ruin. He hopelessly fled from the world of politics, which what disrupted his peace of mind, leading to his suicide in a mental hospital, where he spent the final period of his life. Nowadays, Széchenyi is the hallmark of calm, responsible thinking for all Hungarians.

Der größte Ungar

István Széchenyi (1791–1860) stammte aus einer liberalen Aristokratenfamilie (sein Vater gründete das Nationalmuseum). Seine Vorfahren unterstützten die Habsburger und die Wiener Regierung. Graf Széchenyi war auch davon überzeugt, dass die Entwicklung des Landes nur mit königlicher Hilfe und im Rahmen des Habsburgerreiches möglich ist. Mit 17 Jahren kämpfte er als Husar gegen Napoleon, später bereiste er Westeuropa, und was er dort sah, war gerade das Gegenteil der ungarischen Verhältnisse. Er war bemüht, die Errungenschaften, die er dort kennen lernte, auch in Ungarn einzuführen. Er finanzierte und leitete selbst viele Unternehmungen, die die bürgerliche Entwicklung förderten. Er ließ Flüsse regulieren, Brücken, Dampfmühlen, Flussschiffe und Schiffe für den Balaton bauen. Die meisten Aristokraten hielten ihn *für einen ruhelosen Verrückten, die einfachen Menschen verstanden nicht genau, was er wollte. Es gab nur wenige Gleichgesinnte, die ihm bei diesem Kampf um Ungarn helfen konnten. Er merkte, dass die Radikalen unter Führung von Lajos Kossuth mit Wien brechen wollen. Er war gegen die Revolution, denn das rückständige Vielvölkerland war arm und schwach. Es traf ihn schwer, dass er auf die Hitzköpfe nicht wirken konnte, und die Revolutionäre das Land fast an den Rand des Abgrundes brachten. Er verlor die Hoffnung und zog sich aus der Politik zurück. Diese Stimmung schwächte später seinen Geisteszustand und war der Grund für seinen Selbstmord, den er in einer Nervenanstalt, wo er seine letzten Jahre verbrachte, beging. Széchenyi ist heute für alle Ungarn das Vorbild für eine verantwortungsvolle Denkweise.*

Deák Ferencet (1803–1876) nevezték így a barátai, és igazuk volt. A maga idejében ez a nyugodt, okos ember sokat segített az országnak.

A fiatal jogász először az országgyűlésben Zala megyét képviselte, aztán egyre több feladatot róttak rá, és kiváló kompromisszumkészségről, valamint türelemről tett tanúságot. Különösen a „fontolva haladók" értékelték, mert Deák visszafogta a forradalmi hevületet, mindig talált meggondolt kiutat és mindenki számára elfogadható megoldásokat már az 1840-es évek országgyűlésein is. Az egyre jobban radikalizálódó ellenzék és nagyhangú magyarkodók, valamint a császárpárti, sokszor arisztokrata politikusok között gyakran eredményesen közvetített. Bár nem mindig értett egyet Kossuth politikájával, nem bírálta nyilvánosan. 1848-ban még elvállalta az első független magyar kormány igazságügyi tárcáját (úgy is, mint az új Btk. kidolgozója), de látva a forradalmi eseményeket, lemondott, és zalai birtokára vonult vissza.

A haza bölcse

The Wise Man of the Nation

Thus was the title of Ferenc Deák (1803–1876) bestowed by his friends, and rightfully so. At the time, this calm, clever individual proved to be a great asset to his country.

As a young lawyer, he represented the county of Zala in the general assembly and was charged with a growing number of tasks, displaying his fine skills in making compromises as well as his great degree of patience. He was especially appreciated by those who wished to "progress cautiously", because Deák curbed the revolutionary zeal of the country and always found some way out of problems and solutions that was acceptable for all parties as early as in the general assemblies of the 1840s. He often proved to be an effective moderator between the increasingly radical opposition and the loud-mouthed nationals, and the imperialist, often aristocratic politicians. Although he didn't always agree with Kossuth's politics, he didn't openly criticise him either. In 1848, he agreed to become the justice minister of the first independent Hungarian government (as well as the person who laid down the foundations of the new criminal code), but in light of the revolutionary events, he resigned and retreated to his estate in Zala county.

In 1854, he sold his estate and moved to a hotel in Pest, where he stayed for the rest of his life. He propagated the approach of passive resistance towards the oppressing forces and gained a host of followers in this. Deák also founded a political party – his main principle was to make requests to the king, not demands. The passive resistance of the society increased and the citizens' apparent disinterest "chipped the iron teeth" of rulers. In the 1860s, Deák's party started some positive processes and a growing number of people realised both at home and in Vienna that the ruling power has to come to an agreement with the Hungarians, and the Hungarians have to come to terms with the rulers if they want the country to achieve European progress, allowing Hungary to shake off its status as an oppressed, exploited colony.

In 1865, Deák wrote and published the so-called "Easter article", in which he pointed out all of the above and made an offer of reconciliation to Vienna and the imperial court. We could say that basically, he "came up" with the Monarchy, and the dual seats of power, which is bound by the ruler, yet in the most important matters (foreign, internal, and monetary politics) the two countries, Austria and Hungary would make shared decisions and would represent these equally to the rest of the world, whilst in other matters they could adopt differing approaches without curbing each other's interests. The talks lasted for almost one and a half years, in which the Hungarians were represented by Ferenc Deák. In the end, Franz Joseph even offered the position of prime minister to him, but Deák declined. The plans he carried out provided Hungary with a half century of peace and uninterrupted development – things wouldn't be the way they are without the compromise of 1867. Ferenc Deák was a truly great Hungarian, who used his skills to serve his homeland. Unfortunately, there are few people who could say the same thing about themselves…

Der Weise der Heimat

Ferenc Deák (1803–1876) wurde von seinen Freunden so genannt, und sie hatten recht. In seinem Leben hat dieser ruhige und kluge Mann seiner Heimat sehr viel geholfen.

Der junge Anwalt war zuerst Gesandter des Komitats Zala im Ungarischen Landtag, dann bekam er immer mehr Aufgaben, und er zeichnete sich durch hervorragende Kompromissbereitschaft und Geduld aus. Er wurde vor allem von den „besonnenen Konservativen" geschätzt, weil Deák das revolutionäre Feuer dämpfte. Er fand immer einen durchdachten Ausweg und Lösungen, die für alle akzeptabel waren, bereits auf den Landtagen in den 1840er Jahren. Er vermittelte zwischen der immer radikaleren Opposition, den überlauten Nationalisten und den kaisertreuen Aristokraten oft erfolgreich. Er war mit der Politik von Kossuth zwar oft nicht einverstanden, aber er kritisierte ihn öffentlich nicht. 1848 wurde er in der ersten unabhängigen ungarischen Regierung zum Justizminister ernannt (er sollte das neue Strafgesetzbuch ausarbeiten), aber er legte sein Amt infolge der revolutionären Ereignisse nieder, und zog sich auf sein Landgut in Zala zurück. 1854 verkaufte er seinen Landbesitz und zog in ein Hotel in Pest ein, wo er bis zu seinem Tod lebte. Er bot den passiven Widerstand gegenüber der Unterdrückungsmacht an und viele folgten ihm. Deák gründete eine Partei. Er befolgte den Grundsatz, dass den König bitten soll und nicht von ihm verlangen. Der passive Widerstand der Gesellschaft wurde immer stärker, die scheinbare Gleichgültigkeit der Bürger machte die „Stahlzähne der Macht unscharf". In den 1860er Jahren generierte die Partei von Deák bereits positive Vorgänge, immer mehr Menschen sahen sowohl in Ungarn als auch in Wien ein, dass sich die Macht mit Ungarn und Ungarn mit der Macht versöhnen sollte, damit sich das Land im europäischen Sinne entwickeln kann, und seinen Status als unterdrückte und ausgebeutete Kolonie verlieren kann. 1865 schrieb und veröffentlichte Deák den sog. „Osterartikel", in dem er die Situation beschrieb und dem kaiserlichen Hof den Ausgleich anbot. Man kann schon sagen, dass er „die Doppelmonarchie erfunden hat", die die Person des Herrschers verbindet, aber die zwei Länder – Österreich und Ungarn - entscheiden in den wichtigsten Angelegenheiten (Außenpolitik, Kriegswesen und Finanz) gemeinsam, sie vertreten ihre Entscheidungen nach außen gemeinsam, in anderen Bereichen aber können sie ihren eigenen Weg gehen, ohne die Interessen des anderen zu verletzen.

Die Verhandlungen, in denen Ungarn von Ferenc Deák vertreten wurde, dauerten etwa anderthalb Jahre. Kaiser Franz Josef bot ihm sogar das Amt des Ministerpräsidenten an, aber er lehnte es ab. Was er erfand und verwirklichte, sicherte Ungarn eine ruhige und ununterbrochene Entwicklung für ein halbes Jahrhundert – wir hätten es nicht erreichen können, wenn der Ausgleich im Jahre 1867 nicht entsteht. Ferenc Deák war wirklich ein großer Ungar, der seine hervorragenden Fähigkeiten in den Dienst seines Vaterlandes stellte. Das trifft heute nur auf wenige Menschen zu…

1854-ben eladta vidéki birtokát, beköltözött egy pesti szállodába, és haláláig ott élt. A passzív ellenállást ajánlotta a megtorló hatalommal szemben, és sokan követték is őt. Deák pártot alapított, alapelve az volt, hogy a királytól kérni kell, nem követelni. A társadalom passzív ellenállása egyre erősebb lett, a hatalom „acélfogait kicsorbította" a polgárok látszólagos közönye. Az 1860-as években Deák pártja már pozitív folyamatokat gerjesztett, mind többen látták be itthon és Bécsben is, hogy ki kell egyezni a hatalomnak a magyarokkal, és a magyaroknak a hatalommal, ha azt akarják, hogy végre európai fejlődés indulhasson meg az országban, és ne legyünk többé elnyomott, kizsákmányolt gyarmat.

Deák 1865-ben írta meg és tette közzé az úgynevezett „húsvéti cikket", amiben mindezt leírta, és ajánlatot tett Bécsnek, a császári udvarnak a kiegyezésre. Mondhatjuk, hogy lényegében ő „találta ki a Monarchiát", a kettős hatalmat, amelyet az uralkodó személye köt össze, és a legfontosabb dolgokban (külügy, hadügy, pénzügy) a két ország: Ausztria és Magyarország közösen döntenek, a döntéseket kifelé együttesen képviselik, más területeken viszont külön utakon is járhatnak, nem sértve egymás érdekeit. Vagy másfél éven át tartottak a tárgyalások, magyar részről Deák Ferenc vezette őket. Ferenc József császár a végén még a miniszterelnöki széket is felajánlotta neki, de nem fogadta el. Amit kitalált és megvalósított, az Magyarországnak fél évszázadnyi nyugodt és megszakítatlan fejlődést hozott – ma sem tartanánk itt, ha nincs az 1867-es kiegyezés. Deák Ferenc valóban nagy magyar volt, aki képességei révén hatalmas szolgálatot tett a hazájának. Ez sajnos kevesekről mondható el...

Lajos Kossuth, the Nation's Son

The most famous Hungarian of the 19th century (1802–1894) was a lawyer and a journalist, politician and later revolutionary leader, governor and exiled politician. He was imprisoned by the Austrian imperial forces in the 1830s for publishing a journal without permission. Following his release, he expounded upon his views in a legal journal, coming into conflict with the censor and the secret police in the process. The authorities at the time were against all reforms, which made Kossuth resort to a radical solution: he chose the right moment to spark an uprising. The uprising soon grew into a revolution, which intended to achieve a host of national goals at the same time. This was doomed to failure and the revolution was defeated, forcing Kossuth to flee the country. He travelled throughout Europe and America, inspiring people for the cause of the Hungarian revolution wherever he went, with surprising success. He was so effective in discrediting the Austrian powers that it took decades for the Viennese diplomats to restore their reputation. Kossuth was against the compromise with the Austrians, since he was fully aware that if the Hungarians suppressed the other nationalities with the Austrians (which came to pass), the time would come when the nationalities would rebel and disrupt the Vienna-Budapest axis of power and the entire country in the process. He proved to be a true prophet concerning this matter, although we now know that the compromise was beneficial for Hungary for other reasons.

Kossuth, a nemzet nagy fia

A 19. század legismertebb magyarja (1802–1894) ügyvéd volt és újságíró, politikus, majd forradalmi vezér, kormányzó, aztán száműzött politikus. Az 1830-as években már börtönbe csukatta az osztrák császári hatalom, mert úgymond engedély nélküli újságot adott ki. Szabadulása után immár legális lapban fejtette ki nézeteit, ekkor a cenzúrával és a titkosrendőrséggel lettek összetűzései.

A hatalom nem engedett a reformköveteléseknek, mire Kossuth radikális eszközökhöz nyúlt: forradalmat robbantott ki az arra alkalmas pillanatban. A forradalom hamarosan szabadságharccá szélesedett, amely a nemzeti törekvések széles skáláját akarta megvalósítani – egyszerre sokat! Ez nem sikerülhetett, a forradalmat leverték, és Kossuthnak menekülnie kellett.

Bejárta Európát és Amerikát, mindenütt a magyar forradalom mellett agitált, meglepő sikerrel. Az osztrák hatalmat annyira lejáratta, hogy a bécsi diplomáciának évtizedekre volt szüksége, míg helyrehozta ezeket a károkat. Kossuth ellenezte a kiegyezést, mert pontosan látta, hogy ha a magyarok az osztrákokkal együtt fogják elnyomni a többi nemzetiséget (ami bekövetkezett), akkor eljön az idő, amikor a nemzetiségek fellázadnak, és szétverik a Bécs–Budapest-tengelyt, és az országot.

Ezen a téren igazi jósnak bizonyult, ám ma már tudjuk, hogy a kiegyezés más szempontokból sok hasznot hozott Magyarországnak.

Lajos Kossuth, der Sohn der Nation

Der bekannteste Ungar des 19. Jh.-s (1802–1894) war Rechtsanwalt, Journalist, Politiker, Freiheitskämpfer, Reichsverweser und schließlich verbannter Politiker. In den 1830er Jahren wurde er von der kaiserlichen Macht eingekerkert, denn er gab Berichte ohne Genehmigung heraus. Nach seiner Begnadigung führte er seine Thesen in einer legalen Zeitschrift aus, wobei er ständig in Konflikt mit der Zensur und der Geheimpolizei geriet. Die Macht ließ keine Reformen zu, deshalb griff Kossuth zu radikaleren Mitteln: eine Revolution brach aus, die sich zu einem Freiheitskampf ausweitete, der viele Nationalbestrebungen verwirklichen wollte – vielleicht zu viele auf einmal! Der Kampf endete mit einer Niederlage und Kossuth musste fliehen. Er reiste in die europäischen Länder und nach Amerika, und plädierte mit überraschend großem Erfolg für die Revolution. Er schadete damit so sehr der österreichischen Macht, dass die Diplomaten der Habsburger Jahrzehnte brauchten, um dieses Image abbauen zu können. Kossuth war gegen den Ausgleich Ungarns mit Österreich, denn er wusste, wenn die Ungarn zusammen mit den Österreichern die Nationalitäten unterdrücken (wie es auch war), dann werden diese Nationalitäten die Machtachse Wien-Budapest und damit die ganze Monarchie zerschlagen. In diesem Sinne hatte er völlig Recht, aber der Ausgleich brachte Ungarn in vielen anderen Bereichen viel Nutzen.

Ein Graf im 20. Jh.

Selten lebt so ein Mensch, der sich in der Politik als Aristokrat der bürgerlichen Entwicklung widmet. István Bethlen (1874–1946), der Nachfahre der berühmten Bethlen-Familie aus Siebenbürgen im 20. Jh. wurde von Horthy 1921 zum Ministerpräsidenten ernannt. Er gründete die Ungarische Nationale Einheitspartei, und versuchte, die konservativen adeligen und bürgerlichen Kräfte im Interesse des Landes zu vereinigen. Nach dem Schock von Trianon war dieser Zusammenhalt noch dringender. Auf Initiative von Bethlen wurden die Habsburger entthront, mit den Sozialdemokraten wurde eine Abmachung geschlossen, so kam es unter den Staatsbeamten und den Bauern zu keinen Streiks. Er führte, soweit es möglich war eine wirtschaftliche und politische Konsolidierung durch. 1927 ersetzte er die Krone, die durch die Inflation immer mehr an Wert verloren hatte, durch den stabilen Pengő, und führte Ungarn aus der internationalen Isolierung heraus. Das Land erhielt sogar Darlehen vom Völkerbund (Vorgänger der UNO). Er musste zu Anfang der 1930er Jahre wegen der Weltwirtschaftskrise abdanken. Er gehörte aber weiterhin zu dem engsten Freundeskreis von Horthy und konnte seinen Einfluss behalten. Er musste sich in der Zeit der deutschen Besatzung verstecken, aber er bemühte sich im Geheimen, Ungarns Abhängigkeit von Hitler zu lockern und dem Land zum Frontwechsel zu verhelfen. 1945 wurde er von den Sowjets entdeckt und nach Moskau verschleppt, wo er mit 62 Jahren infolge von Misshandlungen gestorben sein soll.

Egy gróf a 20. században

A Count in the twentieth century

It's a rare occasion to see an aristocratic man as the champion of civil development in the realm of politics. István Bethlen (1874–1946) was the twentieth century descendant of the famous Bethlen family, who – at the request of Governor Miklós Horthy – assumed the position of prime minister in 1921. He established a political party called the "Hungarian Party of National Unity", striving all his life to unite the conservative noblemen and the civil circles for the sake of the country.

Following the shock of the Trianon peace treaty, there was a great need for such collaboration. Bethlen convinced the general assembly to accept the dethronement of the Habsburg rulers, and made a deal with the social democrats and the small landowners, preventing strikes from both the civil servants and the peasants. He financially and politically consolidated the country, as much as he could at the time. In 1927, he replaced the inflated korona with the stable currency of the pengő, helping the country shrug off its international isolation. Hungary even received a loan from the League of Nations (the predecessor of the United Nations) at the time. Still, he was forced to resign in the early 1930's due to the great depression. However, he remained in Horthy's circle of friends and had some influence on matters. He was forced to hide from the German occupying forces, while secretly busying himself to help the country get out of its dependency on Nazi Germany and join the Allied forces. Unfortunately, he was captured by the Soviet forces in 1945, who took him to Moscow, where - probably due to his torture - he died at 62 years of age.

Ritka ember, aki arisztokrata létére a polgári fejlődés bajnoka lehet és lesz a politikai pályán. Bethlen István (1874–1946), a híres erdélyi Bethlenek huszadik századi leszármazottja Horthy Miklós kormányzó kérésére 1921-ben vállalta el a miniszterelnöki posztot. Pártot alapított „Magyar Nemzeti Egyesülés Pártja" néven, és egész életében igyekezett a konzervatív nemesi és polgári erőket egyesíteni az ország érdekében. A trianoni sokk után különösen nagy szükség volt ilyen összefogásra. Bethlen rávette az országgyűlést a Habsburgok trónfosztására, megegyezett a szociáldemokratákkal és a kisgazdákkal, így sem a közalkalmazottak, sem a parasztok között nem volt több sztrájkveszély. Konszolidálta az országot gazdaságilag és politikailag, amennyire akkoriban ez csak lehetséges volt. 1927-ben az inflálódó korona helyett bevezette a stabil pengőt, kiemelte az országot a nemzetközi elszigeteltségből. Hazánk még a Népszövetségtől (az ENSZ elődjétől) is kapott kölcsönt. Csak az 1930-as évek elején, a nagy gazdasági világválság miatt kellett lemondania. De továbbra is Horthy baráti köréhez tartozott, befolyása nem veszett el. A német megszállók elől bujkálnia kellett, de titokban ő is azért munkálkodott, hogy az ország kiugorhasson a hitleri függőségből és átálljon a szövetségesek oldalára. Sajnos 1945-ben a szovjetek rátaláltak, és Moszkvába hurcolták, ahol – minden bizonnyal a bántalmazások következtében – 62 évesen életét veszítette.

„Fényesebb a láncnál a kard"

"The sword shines brighter than the chain" –
„Das Schwert glänzt mehr als die Kette"

The Triumph of Kund, the Diver

This brave and inventive young man is a rather mysterious figure in Hungarian history. However, it's certain that he was a real person and his deeds secured him a position in the country's annals.

He was formerly called Zotmund or Zottmund, and he might have counted some Germans settled in Hungary amongst his ancestors. One chronicler recalled that he was rather skilled in swimming underwater. Someone – perhaps Kund himself – came up with the idea of trying to sink the German emperor's battleships that came to attack Hungary. In 1052, the Germans lay siege to Pozsony (Bratislava). According to a chronicler the following took place:

"The Hungarians thwarted every attack and used the skills of a famous swimmer named Zottmond to drill holes in the emperor's ships in the dpeth of night, filling them up with water." These were the supply ships of the Germans, providing the soldiers with foodstuffs, flour, and grains. Kund swam below the ships in the pitch-black night, working all night long, breathing through a straw. When the sun came up, the ships sank into the water one after another – since their bellows were full of water by then. The German soldiers watched in despair from the shore as their supplies were swallowed by the river. They starved for weeks, which might have made them lose interest in carrying on with the siege. Diver Kund was richly rewarded by King András, but his identity is still a mystery.

Búvár Kund diadala

Ez a bátor és leleményes fiatalember meglehetősen rejtélyes alakja történelmünknek. Annyi azonban bizonyos, hogy létező személy volt, és örökre beírta nevét a magyar történelembe.

Valamikor Zotmundnak vagy Zottmundnak hívták, nincs kizárva, hogy korábban magyar földön letelepedett németek is lehettek az ősei között. Egy krónikás arról számolt be, hogy ez a férfi igen jól tudott a víz alatt úszni. Valaki kitalálta – talán maga Kund, a búvár –, hogy a Magyarországra támadó német császár hadihajóit el kéne süllyeszteni. 1052-ben éppen Pozsonyt ostromolták a németek, amikor ez történt. Mégpedig egy krónikás által így íratott le a történet:

„A magyarok minden támadást meghiúsítottak, és valami Zottmund nevű híres úszó által a császár hajóit éjnek idején megfúratták, úgy, hogy vízzel megteltek." Ezek a hajók hozták az élelmet, a lisztet és gabonát a német seregnek. Kund vitéz éjnek idején a hajók alá úszott, és egész éjjel dolgozott, nádszálon át lélegzett. Amikor felkelt a nap, a hajók látványosan, egyik a másik után, buktak a víz alá – addigra ugyanis megteltek vízzel. A német katonák elkeseredetten nézték a partról, ahogyan az elemózsiájukat elnyeli a folyó. Hetek óta éheztek, így aztán elképzelhető, hogy ez nagyon elvette a kedvüket a további ostromtól.

Búvár Kund busás jutalmat kapott András királytól, de személye ezután is ismeretlen maradt.

Külföldön sokfelé máig ezzel azonosítják Magyarországot, amely „tudvalévően" a paprika, a jó bor, a puszta, a csikós és a „betjár" földje.

A betyárok lényegében egy régi, bár kényszerű hagyományt folytattak, amely még a kurucokat megelőző időkben, a tizenhetedik században alakult ki. A szegény, de fiatal és erős férfiak megszöktek a jobbágyi sorból, végvári katonának álltak, nemegyszer rablóvá züllöttek, majd az egész társadalommal szembefordulva, bűnözésből éltek. A tizenkilencedik században romantikus dicsfény is övezte őket, hisz gyakran az országot eluraló idegen hatalom, az osztrákok ellen is fegyvert emeltek. Bevették magukat az erdőbe, társakat kerestek és találtak, egyik napról a másikra éltek.

A betyárok

Nem törtek Robin Hood-i babérokra; amit a gazdagoktól elvettek, nem osztották szét a szegények között, sokszor inkább elmulatták, önmagukra fordították... Társaik gyakran cserélődtek, a legtöbbször azért, mert a hatalom fegyveresei: hajdúk, pandúrok, csendőrök, katonák végeztek velük. Elfogás esetén egy betyárra, pláne ha ismertebb volt már egy környéken vagy akár az országban, halál vagy több évtizedes börtön várt.

A betyárok a földrajzi környezettől függően választottak taktikát. Másképpen éltek az Alföld nagy, nyílt térségein, és másképpen a Bakony vagy a Felvidék hegyei, sűrű erdői közepette. Az utóbbira jó példa Sobri Jóska, a bakonyi betyár, akit egy ország ismert meg bátor kalandjairól az 1830-as években. Sobri a börtönben tanult meg írni-olvasni, és elsajátított némi társasági modort. Ez utóbbinak rögtön hasznát is vette azzal, hogy elszerette a foglár feleségét, aki megszöktette.

Sobri rablásokból élt, és annyira híres lett, hogy messzi környékről jöttek hozzá jelentkezők. Cinkosaival olykor egészen vakmerő akciókat is sikerrel hajtott végre, ami ismét csak növelte hírnevét és népszerűségét. Az idegen hatalom által elnyomott emberek nemegyszer nemzeti hősöket is láttak a betyárokban, vagy legalábbis bátor férfiakat, akik nem féltek az osztrák csendőrökre lőni. Vagyis azt tették, amiről a nagy többség csak titokban ábrándozott...

Sobrit végül huszonhét éves korában elfogták és kivégezték.

A másik, még híresebb betyár a tizenkilencedik század második felében Rózsa Sándor volt, ő nemzetközi hírnevet is szerzett. Ez az ember kezdettől nagyban játszott: ha kellett, habozás nélkül gyilkolt is, méghozzá rendőröket, amit a hatalom persze nem nézett jó szemmel, és olykor valóságos hajtóvadászatot rendezett Rózsa után. 1848-ban a már híres betyár 150 emberével jelentkezett a hatóságoknál, mondván: ők is harcolni akarnak a magyar szabadságért. A túlerővel küzdő fiatal magyar forradalmi sereg szívesen be is fogadta a „szabadcsapatot", és annak „katonái" karikás ostorral és más szokatlan fegyverrel harcoltak. A betyároknak azonban nem volt erőssége a katonai fegyelem, és minduntalan konfliktusokba keveredtek a többi alakulattal, valamint a civil lakossággal, így végül feloszlott a társaság. A forradalom leverése után a hatóság már nemcsak mint rablógyilkost, de mint politikai ellenfelet is köröztette Rózsát.

The Betyárs

Hungary is "well-known" abroad as the home of the paprika, good wine, the puszta, the csikós and the "betjárs". The betyárs continued an old, yet necessary tradition, which dates back to the seventeenth century, a time before the kuruces. The poor, but young and strong, men often ran away from their lives as serfs and became soldiers in the castles defending the southern borders of the country, later becoming ruffians and turning against society as a whole, living their lives as criminals. In the nineteenth century, they were enshrouded in a kind of romantic glory, since they stood up to the foreign rulers of the country, the Austrians. They moved deep into the woods, looking for and finding partners, living from one day to the next. They didn't exactly have such a noble cause as Robin Hood; and they didn't distribute the wealth they stole from the rich amongst the poor, but rather wasted it away and spent it on themselves... They often changed their companions, mainly because the authorities – the gendarmerie, the police, the heyduck, or the soldiers – finished them off. If a betyár was caught – especially if he was known in a region or throughout the whole country – he was executed or imprisoned for decades.

The betyárs used various tactics based upon their geographical surroundings, whether in the grand, open plains of the Alföld or in the thick, dense forests of Upper Hungary or the Bakony. Jóska Sobri is a good example of the latter, the betyárs of Bakony – he became renowned throughout the country for his brave escapades in the 1830s. Sobri leant how to read and write in prison, along with some manners, allowing him to sway the wife of the jailer to help him to escape.

Sobri made a living out of robbing people and became so famous that men came to join him from throughout the country. He successfully staged a number of daring missions, increasing his fame and popularity. The people suppressed by foreign rule often thought of the betyárs as national heroes or brave men, who weren't afraid to fire at the gendarmerie. They did what most people only dreamt of doing...

The other, even more infamous, betyár was Sándor Rózsa, who lived in the second half of the nineteenth century and gained an international reputation. He played for high stakes right from the word go: if necessary, he murdered policemen without hesitation, which of course, wasn't approved of by the authorities, who staged a man-hunt to find Rózsa. In 1848, he approached the revolutionary authorities with his 150 men willing to fight for their freedom. The outnumbered Hungarian revolutionary army gladly welcomed his "free company" and his soldiers, who fought with bullwhips and other odd weapons. However, the betyárs weren't too keen on discipline and after numerous conflicts with the other units as well as the civilians, the company was disbanded. Following the revolution, the authorities weren't just hunting Rózsa as a murderer and a bandit, but as a political enemy as well.

Still, he quit his murderous life and got married under a different name, working as a rangeman. After their initial failure, the authorities gradually raised the ransom money and when the amount was worth a small fortune, a close relative of the bandit gave him up. In 1859, he ended up in the dungeons of the Austrian castle of Kufstein with the rest of the Hungarian patriots. The bandit leader was put on display for foreign tourists, which was a truly humiliating experience for him. He had to wait nine years for his amnesty, while doing forced labour, swearing that he would live an honest life in the future. However, once he was released, he couldn't get any work and thus he was forced to gather his old band of men if he didn't want to starve to death. He lived in a modern age by then (in the 1860s and 70s), so Sándor Rózsa stopped trains to collect the money of from the people on board. They caught him again, but this time, he didn't survive his life sentence.

The betyárs are an intrinsic element of Hungarian folklore. Songs were sung about them as well as featuring in poems and folk art products. People recalled their tales for a long time with open nostalgia as brave, although not entirely without blemish men who played tricks on the country's foreign rulers.

Éppen akkor, amikor már visszavonult a rablómesterségtől, álnéven megnősült és csikósként dolgozott. A kezdeti kudarc láttán a hatóság a vérdíjat fokozatosan emelte, és amikor az már egy kisebb vagyont ért, egy közeli rokona adta fel a volt betyárt. 1859-ben ő is Kufstein várába került más magyar hazafiak közé. A betyárvezért idegen turistáknak mint nevezetességet mutogatták a börtönben, ami a számára nagyon megalázó volt. Kilenc évet kellett várnia az amnesztiára, ezalatt fizikai munkát végzett, és szentül elhatározta, hogy többé nem fog letérni a becsületes útról. Ám szabadulását követően sehol sem adtak neki munkát, és ha nem akart éhen halni, hát kénytelen volt újra összehozni régi bandáját. Modernebb idők jártak már akkor (az 1860-as, 70-es évek), és Rózsa Sándor vonatokat állított meg, az utasokat kifosztotta. Másodszor is elfogták, és akkor már nem úszta meg az életfogytiglant.

A betyárok szerves részei lettek a népi folklórnak. Dalokat szerzettek róluk, ott voltak a népköltészetben és a népművészeti termékeken. Az emberek még sokáig emlegették őket nem is titkolt nosztalgiával, mint egykorvolt bátor, bár nem egészen makulátlan férfiakat, akik sok borsot törtek az idegen hatalom orra alá.

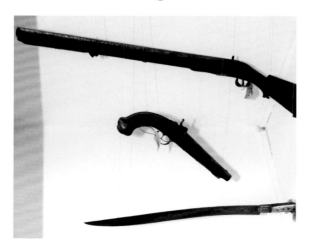

Die Betyaren

Im Ausland wird Ungarn, das „bekanntlich" die Heimat des Paprika, des guten Weines, der Pussta, der Pferdehirten (ung. csikós) und der Betyaren ist, oft mit diesen Vagabunden verbunden.

Die Betyaren setzten eine alte, zwar zwangsläufige Tradition fort, die im 17. Jh., noch vor der Zeit der Kuruzen entstand. Die armen, jungen und starken Männer wollten der Hörigkeit entfliehen und kämpften als Grenzburgsoldaten, oft aber endeten sie als Räuber, die der ganzen Gesellschaft zuwider von Verbrechen lebten. Im 19. Jh. umgab sie sogar ein romantischer Nimbus, da sie oft auch gegen die fremde Herrschaft, gegen die Habsburger kämpften. Sie flohen in die Wälder, suchten und fanden andere Burschen und lebten in den Tag hinein. Sie waren nicht so wie Robin Hood; was sie den Reichen wegnahmen, teilten sie nicht unter den Armen auf, sondern gaben es eher für Vergnügungen oder für sich selbst aus. Die Zusammensetzung einer Gruppe änderte sich ständig: die Mitglieder wurden von Heiducken (ung. hajdú), Panduren, Gendarmen und Soldaten gejagt und getötet. Wenn ein Betyar, der in der Umgebung oder sogar im ganzen Land berühmt war, festgenommen wurde, wurde er entweder hingerichtet oder für lange Jahre ins Gefängnis gesteckt.

Die Betyaren wählten ihre Taktik nach den geographischen Gegebenheiten aus. Sie lebten in den großen, offenen Gebieten der Tiefebene anders, als in den dichten Wäldern des Bakony-Gebirges oder den Bergen in Oberungarn. Ein gutes Beispiel für das Leben in den Bergen ist Jóska Sobri, dessen tapfere Taten in den 1830er Jahren im ganzen Land bekannt waren. Sobri lernte im Gefängnis lesen und schreiben, sowie gute Manieren, dann hatte er ein Verhältnis mit der Frau des Wächters, die ihm zur Flucht verhalf.

Sobri lebte vom Raub und wurde so berühmt, dass sich ihm viele anschließen wollten. Mit seinen Komplizen beging er wagemutige Taten, die seinen Ruf und seine Popularität erhöhten. Die Menschen, die von der Fremdherrschaft unterdrückt wurden, hielten die Betyaren oft für Nationalhelden, für tapfere Männer, die nicht zögerten, auf die österreichischen Gendarmen zu schießen. Das heißt, sie handelten so, wie es die meisten nur in ihren Träumen wagten.

Sobri wurde mit 27 Jahren festgenommen und hingerichtet.

Ein anderer berühmter Betyar war Sándor Rózsa im 19. Jh., der sich sogar einen internationalen Ruf erwarb. Dieser Wagehals hatte er keine Skrupel, andere Leute, oft Gendarmen zu töten, wenn er sich bedrängt fühlte. Die Behörden konnten das nicht lange dulden und organisierten eine Verfolgungsjagd nach ihm. Im Jahre 1848 schloss sich der berühmte Betyar mit seiner 150 Mann starken Bande den Freiheitskämpfern an. Die junge ungarische Revolutionsarmee, die gegen eine Übermacht kämpfen musste, nahm die „Freischar" gern auf, deren „Soldaten" Bullenpeitschen und andere ungewöhnliche Waffen benutzten. Die Betyaren waren aber an militärische Disziplin nicht gewöhnt, deshalb gerieten sie mit den anderen Kompanien und der Zivilbevölkerung ständig in Konflikt, und schließlich löste sich die Einheit auf. Nach der Niederschlagung der Revolution wurde Sándor Rózsa nicht nur als Räuber und Mörder verfolgt, sondern auch als politischer Feind.

Zu dieser Zeit zog er sich schon zurück, er heiratete unter einem anderen Namen und arbeitete als Pferdehirt. Anfangs erzielten die Behörden keinen Erfolg, deshalb erhöhten sie das Kopfgeld. Als es schon fast ein Vermögen war, wurde der Betyar von einem Verwandten verraten. 1859 wurde er mit anderen Freiheitskämpfern ins Burggefängnis von Kufstein gebracht. Er wurde den Touristen als eine Sehenswürdigkeit gezeigt, was für ihn sehr demütigend war. Er musste 9 Jahre auf eine Amnestie warten. Während dieser Zeit hatte er körperliche Arbeit zu verrichten, und entschloss sich, nie mehr den ehrlichen Weg zu verlassen. Nach seiner Freilassung bekam er aber keine Arbeit, und wenn er nicht verhungern wollte, musste er seine alte Bande wieder zusammenrufen. In der moderneren Zeit (1860er und 1870er Jahre) überfiel er Züge und raubte die Fahrgäste aus. Er wurde wieder festgenommen und zu lebenslanger Haft verurteilt.

Die Betyaren bilden einen wichtigen Zweig der Volkskunst. Es wurden Lieder über sie geschrieben, und sie sind in der Volksdichtung und in jedem Werk der Volkskunst vertreten. Die Menschen behielten sie als tapfere, aber nicht ganz makellose Männer, die der fremden Macht viel Ärger bereiteten, lange im Gedächtnis.

István Dobó, der Kapitän der Burg von Eger

Jeder Ungar weiß, dass er 1552 die Burg von Eger mit seinen 2000 Soldaten gegen die Übermacht der Osmanen erfolgreich verteidigte. Es war eine große menschliche und militärische Leistung. Aber in den folgenden Jahrzehnten erlebte István Dobó viel interessantere Abenteuer. Ein paar Jahre nach seinem großen Sieg bei Eger geriet er als Opfer einer familiären und politischen Zwietracht in Siebenbürgen ins Gefängnis. Den Gefangenen, der zum Hochadel gehörte, durfte seine Frau besuchen, die den Kapitän der Gefängnisburg mit Frauenpraktiken erweichte, und ihren Mann mit allen Dingen versorgte, die er zur Flucht brauchte. Eines Nachts kletterte er vom Burgturm am Seil herunter, er wurde außerhalb der Bergmauer mit Pferden erwartet, und er ritt nach Hause.

Später wurden die Dobó-Brüder – angeblich aus politischen Gründen – zum Tode verurteilt und ihre Grundbesitze wurden beschlagnahmt. Sie versuchten aber mit verschiedenen Berufungen Zeit zu gewinnen, und letztendlich wurden sie freigesprochen. Am Landtag von 1569 wurde István Dobó wegen Verschwörung von den Dienern des Königs wieder festgenommen. Er hätte auch jetzt aus dem Gefängnis fliehen können, aber er fühlte sich schon alt und krank. Der Hochverratsprozess gegen ihn blieb bis heute ein Rätsel. Man kann nicht wissen, ob es wirklich eine Verschwörung gegen die Habsburger gab, die er geführt haben soll.

Trotz seiner wechselvollen Lebensgeschichte war und blieb István Dobó nach dem Sieg bei Eger ein Held.

Dobó István, Egervár kapitánya

L GRANDISSIMO PADIGLIONE DI SVLTAN MEHEMET IMPERATOR DI TVR

„Esküszöm az egy élő Istenre, hogy véremet és életemet a hazáért és királyért, az egri vár védelmére szentelem. Sem erő, sem fortély meg nem félemlít. Sem pénz, sem ígéret meg nem tántorít. A vár feladásáról sem szót nem ejtek, sem szót nem hallgatok. Magamat élve sem a váron belül, sem a váron kívül meg nem adom. A vár védelmében elejétől végéig alávetem akaratomat a nálamnál feljebb való parancsának. Isten engem úgy segéljen!"

(Eger vár védőinek esküje – Gárdonyi Géza: *Egri Csillagok*)

„Esküszöm, hogy a vár és az ország védelmére fordítom minden erőmet, minden gondolatomat, minden csepp véremet. Esküszöm, hogy ott leszek minden veszedelemben veletek! Esküszöm, hogy a várat pogány kezére jutni nem engedem! Sem a várat, sem magamat élve meg nem adom! Föld úgy fogadja be testemet, ég a lelkemet! Az örök Isten taszítson el, ha eskümet meg nem tartanám!"

(Dobó esküje – Gárdonyi Géza: *Egri csillagok*)

Hogy 1552-ben kétezer emberével ő védte meg Eger várát a török szultán százezres seregétől, mindenki tudja. Valóban nagy emberi és katonai teljesítmény volt. Ám az utána következő évtizedekben Dobóval az egrinél sokkal érdekesebb kalandok is történtek.

Pár évvel az egri diadal után családi és politikai viszálykodás áldozataként Erdélyben börtönbe zárták. A főnemesi rangban lévő foglyot a felesége látogathatta, aki női praktikákkal megpuhította a börtönvár kapitányát, és bevitt a férjének mindent, amire a szökéshez szüksége lehetett. Egy sötét éjszakán Dobó a vártoronyból kötélen leereszkedett, a várfalon kívül a szolgái pihent lovakkal várták, és meg sem álltak hazáig.

Valamivel később – állítólag politika is volt a háttérben – a Dobó fivéreket halálra ítélték, a birtokaikat elkobozták.

Ők azonban különféle fellebbezésekkel egyre húzták az időt, míg végre Bécsben rálegyintettek az ügyre.

1569-ben az országgyűlésen fogták el a királyi poroszlók Dobó Istvánt, összeesküvés vádjával, ami talán igaz volt, talán nem. Másodszor is megszökhetett volna, de már öregnek és betegnek érezte magát, ezért inkább fogoly maradt, és hűtlenségi pere máig az egyik legnagyobb történelmi rejtély – hisz az sem biztos, hogy valóban létezett az a Habsburg-ellenes összeesküvés, amelynek egyik vezéreként megvádolták.

Mindenesetre Dobó István hős volt, és az is maradt, annak ellenére, hogy élete az egri győzelem után igen kanyargós utakon haladt tovább.

István Dobó, Captain of Eger Castle

Everyone knows he defended the castle of Eger with two hundred men from the hundred thousand-strong Turkish army of the Sultan in 1552. This was a truly great personal and military feat. However, Dobó had even more exciting adventures in the following decades.

A few years after his triumph at Eger, he was imprisoned in Transylvania, falling prey to family and political strife. The noble prisoner was visited by his wife, who used her feminine wiles to soften the captain of the prison, allowing her to provide her husband with everything he needed to escape. One dark night, Dobó descended from the tower by rope, whilst his servants were waiting for him beyond the castle wall with rested horses – they didn't stop until they got home.

Later on – supposedly due to some political matters – the Dobó brothers were sentenced to death and their lands were confiscated. However, they kept on stalling with all sorts of appeals, until they finally waved the matter off in Vienna. At the general assembly of 1569, István Dobó was captured by royal minions of law, accusing him of conspiracy, which might not actually have been true.

He had a chance to escape for a second time, but he felt too old and weak, so he decided to remain a prisoner and his trial for treason is still to this very day one of the greatest mysteries of Hungarian history – there might not have been any anti-Habsburg conspiracy at all that he was charged of leading. Nevertheless, István Dobó was and still is a hero, even though his life proved to be so troubled after the victory at Eger.

A törökverő Hunyadi

Az erdélyi nemesúr származása és születési ideje bizonytalan. Egyesek román vért sejtettek az ereiben csörgedezni, mások szerint Luxemburgi Zsigmond király törvénytelen fia volt. Zsigmond mindenesetre igencsak támogatta a fiatalember karrierjét.

Hamar kiderültek katonai képességei, és bár írni-olvasni nem tudott, remek szervező és hadvezér lett belőle. Számtalan törökellenes hadjáratban mutatta meg, hogyan lehet és kell kiverni a törököket a Balkánról. Nem túlzás azt állítani, hogy az 1440-es évek közepétől két évtizeden át mindig ő állította meg az észak felé nyomuló szultáni terjeszkedést. Élete egyetlen igazi nagy veresége az 1444-es várnai ütközet, ahol a magyar urak széthúzása és a törökök létszámfölénye döntötte el a csata sorsát.

Hunyadi részt vett a magyar belpolitikai harcokban is. 1448-ban már mint kormányzó vezette a magyar seregeket Rigómezőre, hogy a balkáni népekkel együtt legyőzze a törököket. De terveit valaki elárulták, és a törökök győztek. Ám a kisebb csatákban éppen Hunyadi győzedelmeskedett. Élete végén pedig egy – minden túlzás nélkül szólva – világra szóló győzelemmel fejezte be katonai pályafutását, és egyben az életét. A Nándorfehérvárt (Belgrádot) ostromló törökök 150 ezres serege ellen vonult és győzött. Állítólag ennek a győzelemnek az emlékére rendelték el a déli harangszót a keresztény templomokban. Hunyadi pár héttel a fergeteges győzelem után a táborában kitört pestisjárvány áldozatául esett.

Hunyadi, der Türkenbesieger

Die Herkunft und das Geburtsdatum dieses Adeligen aus Siebenbürgen sind unsicher. Einige meinen, dass er rumänische Abstammung hat, andere schwören, dass er der uneheliche Sohn von Sigismund von Luxemburg war. Sigismund förderte die Karriere des jungen Mannes. Seine militärischen Fähigkeiten zeigten sich früh, und er entwickelte sich zu einem ausgezeichneten Organisator und Heeresführer, obwohl er weder lesen noch schreiben konnte. In zahlreichen Feldzügen zeigte er, wie die Osmanen aus dem Balkan vertrieben werden können und müssen. Es ist keine Übertreibung, wenn man behauptet, er habe ab der Mitte der 1440er Jahre zwei Jahrzehnte lang den Vorstoß der Osmanen nach Norden verhindert. Die einzige große Niederlage seines Lebens war die Schlacht bei Warna im Jahre 1444, wo die Zwietracht unter den ungarischen Adeligen und die Übermacht der Osmanen die Schlacht entschieden. Er war an den innenpolitischen Kämpfen auch beteiligt. 1448 führte er die ungarischen Truppen schon als Regent auf das Amselfeld, um die Türken mit Hilfe der Balkanvölker zu besiegen. Aber sie wurden verraten und die Osmanen siegten. In den kleineren Schlachten war er immer erfolgreicher. Seine Laufbahn als Heeresführer und sein Leben endeten mit einem unvergesslichen und großen Sieg. Er zog gegen die Osmanen, die mit einer 150 Tausend Mann starker Streitmacht Nándorfehérvár (heute Belgrád) belagerten, und besiegte sie. Angeblich wurde das mittägliche Glockenläuten als Erinnerung an diesen Sieg in den christlichen Kirchen angeordnet. Einige Wochen später starb Hunyadi in seinem Lager an der Pest.

Hunyadi, the Scourge of the Turks

The descent and date of birth of Transylvanian nobleman János Hunyadi is uncertain. Some feel he has Romanian blood, whilst others think he was the bastard son of king Sigismund of Luxemburg.

His military talents shone through at an early age and although he was illiterate, he became a superb organiser and general. He proved himself in countless campaigns against the Turks, showing how to chase the Turks out of the Balkan region. It's no exaggeration to say that from the mid 1440s, he personally stopped the advances of the Turkish sultan for two whole decades. The only real defeat in his life was at the battle of Várna in 1444, where the battle was decided by the discord amongst the Hungarian nobles and the numerical superiority of the Turks.

Hunyadi also took part in the infighting amongst the Hungarians. As governor, he led the Hungarian armies to the Rigómező (literally, Thrushfield) in 1448, to defeat the Turks with the mustered forces of the Balkan people. However, his plans were exposed and the Turks won. Still, Hunyadi triumphed in a number of minor skirmishes. Towards the end of his life, he ended his military career and his life with – no exaggeration – a world-renowned victory. He faced the 150 thousand-strong Turkish armies besieging Nándorfehérvár (Belgrád) and won. Supposedly, the bells of Christian churches ringing at noon still commemorate this victory today. A few weeks after his tempestuous victory, Hunyadi fell prey to the plague that was spreading through his camp.

Miklós Zrínyi, the Hero of Szigetvár

As a Croatian Hungarian nobleman, Zrínyi, defeater of Turks (1508–1566), participated in the war against the Turks in the mid-16th century. In 1529, he helped save Vienna from the siege of the Turks, "specialising" in fighting the Turks, becoming an authority on fighting them at a relatively young age. For his services, he received a number of domains from the emperor, eventually owning the entire region of Muraköz complete with cities, forests and lands. He later freed the besieged Szigetvár from the Turks, which led him to be appointed as the captain of the castle. This castle was an important strategic location due to its position on the southern border of the Turkish conquest, especially after it became known in 1566 that Suleiman I was marching against Vienna yet again with a hundred thousand-strong army. Some of the Hungarians would have readily relinquished the city to the "pagan", allowing him to conquer Vienna, but Zrínyi had swor an oath to the king and refused to make a deal with the enemy. He defended Szigetvár with his 2500 soldiers, while the Austrian army didn't come to relieve the castle, despite their promises. Since he was aware of this, Miklós Zrínyi decided on a suicidal move when the enemies where tearing down the castle walls and the time of the final assault was nigh. He gathered his remaining few hundred men and stormed out of the castle, attacking his enemies! Once the stunned Turks came to from their shock, he had cut a swathe amongst their ranks, bowling over all his foes. Fought with his soldiers until the bitter end.

Zrínyi, a szigeti hős

A törökverő Zrínyi (1508–1566) az 1500-as évek közepén horvátországi magyar nemesként vett részt a törökellenes harcokban. 1529-ben segített megmenteni Bécset az ostromlóktól, valósággal a törökökre „specializálta magát", az ellenük folytatott harc szakértője volt már viszonylag fiatalon is.

Szolgálataiért a mindenkori bécsi császároktól sok birtokot kapott, később már az egész Muraköz az övé lett városokkal, erdőkkel, termőföldekkel. Később felszabadította a törököktől ostromolt Szigetvárt, és ezért néhány évvel később jutalmul őt nevezték ki a vár kapitányává.

Fontos stratégiai pont volt akkoriban a török hódítások miatt kialakult új határon álló végvár. Különösen, miután 1566-ban kiderült, hogy I. Szulejmán szultán több mint százezer főnyi seregével ismét Bécs ellen vonul. A magyarok egy része szívesen átengedte volna a „pogányt", hadd győzze le Bécset, de Zrínyi esküt tett a királynak, és nem paktált le az ellenséggel. Szigetvárt 2500 katonájával védelmezte, miközben az osztrák sereg a császári ígéret ellenére el sem indult a vár felmentésére. Ennek tudatában, amikor a várfalakat az ellenség már lerombolta, és közeledett a döntő roham, Zrínyi Miklós öngyilkos akcióra határozta el magát. Maradék pár száz katonájával kirontott a várból – támadott! Mire a döbbent törökök magukhoz tértek, széles utat vágott közöttük, mindenkit lekaszabolva. Katonáival együtt az utolsó szálig hősi halált haltak.

Zrínyi, der Held von Szigetvár

Miklós Zrínyi, der Türkenbesieger (1508–1566) nahm im 16.Jh. als ungarischer Adeliger aus Kroatien an den Türkenkriegen teil.1529 zeichnete er sich bei den Kämpfen gegen die Osmanen aus, die Wien belagerten, er "spezialisierte sich" auf die Türken, er war schon als junger Mann Experte der Türkenkämpfe. Für seine Dienste erhielt er von den Herrschern viele Besitzungen, unter anderem die ganze Murgegend (Muraköz) mit ihren Städten, Wäldern und Ackerländern. Später befreite er Szigetvár von der türkischen Belagerung, deshalb wurde er ein paar Jahre später zum Kapitän der Burg ernannt. Diese Grenzburg war ein strategisch wichtiger Stützpunkt an der neuen Grenze zum Osmanenreich. Besonders im Jahre 1566, als Sultan Süleyman I. wieder aufbrach, mit seinem Heer Wien zu erobern. Ein Teil der Ungarn hätte gern die „Heiden" passieren lassen, damit sie Wien besetzen, aber Zrínyi blieb dem Kaiser treu, und schloss keinen Pakt mit den Osmanen. Er verteidigte die Burg von Szigetvár mit 2500 Soldaten, während das Heer der Habsburger ihnen trotz des kaiserlichen Versprechens nicht zu Hilfe eilte. Als die Osmanen die Burgmauern schon völlig zerstörten, und sich auf den letzten, entscheidenden Sturm vorbereiteten, entschloss sich Zrínyi zu einer selbstmörderischen Tat. Er unternahm mit seinen noch am Leben gebliebenen Soldaten einen Ausfall! Bis die verblüfften Türken wieder zu sich kamen, töteten sie viele von ihnen und kämpften sich schon fast durch. Sie erlitten alle den Heldentod.

Prince Ferenc Rákóczi II

This great champion of Hungarian freedom was born in 1676 and died in 1735. Rákóczi came from a family which rebelled against the Viennese imperial power. As a child, he was confronted with the harmful influence of the cursed foreign rule: he was separated from his parents, and reared in a foreign country as the "son of rebels". Still, he soon became aware of his Hungarian roots.

He was imprisoned the first time he turned against authority. Still, he managed to cleverly escape from his prison and flee to Poland, organising an uprising in 1703 from abroad, which soon turned into a real revolution. Rákóczi became the "guiding star" for minor nobles who were stripped of their lands, runaway peasants and other Hungarians hounded by the Turks, the Germans or the inquisition, regardless of their religion.

He organised a foreign-financed resistance that lasted for eight years. Despite their successes – Rákóczi became the real ruler of a large part of the country, the "kuruc" forces organised a regular army, they collected taxes and ran an administrative system – in the end, they were defeated by the imperial superiority and internal discord. Following the defeat in 1711, Rákóczi was forced to flee the country. He was afraid that Viennese assassins would catch up with him, and thus found solace in the Turkish domain. He lived far from his homeland for the rest of his life, which deeply upset him. Although sometimes it seemed like the exiles could come home, perhaps at the head of some armed forces, this wasn't realised in the end.

II. Rákóczi Ferenc fejedelem

Ferenc II. Rákóczi, der Fürst

Der Nationalheld des Freiheitskampfes wurde 1676 geboren und starb 1735. Rákóczi stammte aus einer Adelsfamilie, deren Mitglieder sich ständig gegen die Habsburger erhoben. Schon als Kind musste er alle negativen Folgen der Fremdherrschaft erleben: er wurde von seinen Eltern getrennt, als „Sohn von Rebellen" wurde er von Fremden erzogen. Trotzdem fühlte er sich als Ungar. Als er sich das erste Mal der Macht widersetzte, wurde er eingekerkert. Er konnte aber auf abenteuerische Weise entkommen, ging nach Polen ins Exil, und von da aus organisierte er 1703 einen Aufstand, der sich bald zu einem Freiheitskampf entwickelte. Rákóczi wurde „der leitende Stern" der Kleinadeligen, die ihre Grundbesitze verloren und sich verstecken mussten, der Bauern, die flüchten mussten, und aller Ungarn, die von Deutschen, von der Inquisition verfolgt wurden, unabhängig von ihrer Religion. Der von ihm initiierte Freiheitskampf, der auch im Ausland Unterstützung fand, dauerte acht Jahre. Anfangs konnte man wichtige Erfolge aufweisen: Rákóczi konnte den größten Teil des Landes erobern, stellte eine Kuruzenarmee auf, trieb Steuern ein und baute die Verwaltung aus. Die kaiserliche Übermacht und die inneren Konflikte aber zerschlugen diese Bewegung. Nach der Niederlage von 1711 musste er das Land verlassen. Er fürchtete die Mörder, die vom kaiserlichen Hof beauftragt waren, deshalb ging er zu den Türken. Er lebte bis zu seinem Tod weit von seiner Heimat, was er nur schwer ertragen konnte. Manchmal gab es Hoffnung, dass die Flüchtlinge doch nach Hause zurückkehren dürfen, aber daraus wurde nichts.

A nemzeti szabadság egyik nagy harcosa 1676-ban született és 1735-ben halt meg. Rákóczi már eleve olyan családból származott, ahol rendre fellázadtak a bécsi császári hatalom ellen. Már gyermekként meg kellett ismernie az átkos idegen uralom minden rossz hatását: elszakították a szüleitől, és mint „rebellisek fiát" idegenben nevelték. Mégis hamar ráérzett magyar voltára.

Amikor először szegült szembe a hatalommal, börtönbe zárták. Bravúros módon megszökött, lengyel földre menekült, és a távolból szervezte meg az 1703-ban induló felkelést, amely hamarosan igazi szabadságharccá szélesedett. Rákóczi lett a „vezérlő csillaga" a sokáig bujkáló, földjüket vesztett kisnemeseknek, a szökött parasztoknak, a török-

től, némettől, inkvizíciótól üldözött magyaroknak, tekintet nélkül vallásukra. Az általa kezdeményezett és külföldi segítséggel is rendelkező harc nyolc évig tartott, és bár szép sikereket értek el – Rákóczi tényleges ura lett az ország nagyobb részének, a „kurucok" reguláris hadsereget állítottak fel, adókat szedtek, közigazgatást vezettek be –, végül a császári túlerő és a belső széthúzás ezt a mozgalmat is szétforgácsolta. Az 1711-es bukás után Rákóczinak is menekülnie kellett. Tartott tőle, hogy Bécs orgyilkosai utolérik, ezért a Török Birodalomban talált menedékre. A fejedelem haláláig élt távol hazájától, ami nagyon megviselte. Bár néhányszor úgy tűnt, hogy a száműzöttek hazajöhetnek, talán fegyveres csapatok élén – ebből már semmi sem lett.

Görgey, a fővezér

Görgey Arthúrnak hosszú élet adatott (1818–1916), és ennek nagyobb része azzal telt el, hogy szóban és írásban tiltakozott „áruló" volta ellen. Az egykor katonatiszti pályára készülő, majd váratlan fordulattal vegyésznek álló (és új anyagokat felfedező) ember csak a magyar szabadságharc hírére jött haza, és ajánlotta fel szolgálatait a forradalmi kormánynak. A seregben gyorsan haladt a ranglétrán, mert döntéseit következetesen végigvitte, és zseniális stratégának bizonyult. Viszont megfontolt ember lévén, olykor túl sokáig gondolkodott. A hirtelen döntések híve, Kossuth és más forradalmár társai viszont sürgették volna. A fővezér Görgey nemegyszer lassan vonult seregével, kerülte a nagyobb ütközeteket, túlerőben lévő ellenségre sohasem támadt – kímélte katonáit, a forradalom erőit.

Amikor a szabadságharcba Bécs kérésére az orosz haderő is beavatkozott, 200 ezer friss katona támogatta a szintén nem kicsi osztrák császári sereget – ám addigra a magyar erők alaposan megfogyatkoztak. Görgey tudta, hogy az oroszok bármennyi katonát tudnak még küldeni, ezért kerülte velük az összeütközést, és a végén, amikor Kossuth és társai már külföldre menekültek, ő a katonáival maradt, és megadta magát seregével együtt. Évtizedeken keresztül árulónak bélyegezték, de ma már tudjuk, hogy neki volt igaza, hiszen sok magyar életet mentett meg egy alapjában reménytelen helyzetben.

Görgey, der Oberbefehlshaber

Arthúr Görgey (1818–1916) lebte lange, und den größten Teil seines Lebens verbrachte er damit, dass er sich mündlich und schriftlich gegen die Bezeichnung „Verräter" protestierte.

Zuerst wollte er Berufssoldat werden, aber später studierte er Chemie (und er entdeckte neue Materialien). Als der Freiheitskampf in Ungarn begann, kam er nach Hause und bot seine Dienste der Revolutionsregierung an. In der ungarischen Armee stieg er auf der Rangleiter schnell nach oben, denn er führte seine Entscheidungen konsequent durch und erwies sich als genialer Stratege. Aber er war auch ein umsichtiger Mensch, deshalb kam es oft vor, dass er viel zu lange überlegte. Kossuth und die anderen Revolutionäre, die die schnellen Entscheidungen bevorzugten, drängten ihn zu schnellerer Handlung. Oberbefehlshaber Görgey zog mit seiner Armee oft langsam voran, vermied die größeren Schlachten, griff kein Heer an, das in Übermacht war, er versuchte seine Soldaten, die Kräfte der Revolution, zu schonen. Mit dem Eingriff der russischen Streitmacht in den ungarischen Freiheitskampf auf Bitte von Wien stieg die Zahl der kaiserlichen Armee um 200 Tausend Soldaten, die ungarischen Kräfte dagegen waren nicht mehr ausreichend. Görgey wusste, dass die Russen noch viele Soldaten schicken können, deshalb wollte er jeden Zusammenstoß mit ihnen vermeiden, und am Ende, als Kossuth und seine Anhänger ins Ausland flohen, blieb er mit seinen Soldaten in Ungarn und ergab sich. Jahrzehntelang wurde er als Verräter gebrandmarkt. Heute wissen wir schon, dass er Recht hatte, weil er viele Leben in einer grundsätzlich aussichtslosen Lage gerettet hatte.

Görgey, the Commander-in-chief

Arthúr Görgey lived a long life (1818–1916) and spent most of his time protesting against being a "traitor" in both written and verbal forms. He studied to be a military officer, but then suddenly decided to become a chemist instead (discovering a number of new materials) and came home when he heard about the Hungarian revolution, offering his services to the revolutionary government. He quickly progressed through the ranks of the army, since he was consistent in his decisions and proved to be a genius strategist. However, he was a prudent figure, sometimes spending too much time considering his moves. However, Kossuth and the other revolutionaries, who favoured quick decisions, wanted to expedite his decisions.

General Görgey was often slow in moving his armies, avoiding major skirmishes and never attacking enemies who had numerical superiority – he tried to spare his soldiers, the real force behind the revolution.

When the Viennese rulers asked the Russian forces to join the revolution, 200 thousand fresh soldiers supported the similarly sizeable Austrian imperial army – by this point, the Hungarian forces were rather depleted. Görgey knew that the Russians were capable of sending as many soldiers as they wanted to, and thus avoided confronting them, so when Kossuth and his companions fled the country, he stayed behind with his soldiers and surrendered with his remaining forces. He was dubbed a traitor for decades, but he was justified by history, since he saved many lives in a fundamentally hopeless situation.

Poems can be Weapons too!

Sándor Petőfi (1823–1849), the greatest Hungarian poet, only lived for 26 years and a few months. He worked as an enlisted soldier, actor, editor, representative candidate, and a military officer. He appeared in the literary scene with his folk poems in the 1840s.

His volumes of poetry stirred up quite a storm despite the small number of publication. Petőfi was young and enthusiastic, longing for the changes with a revolutionary drive. In 1848, he inspired the 'youth of March' with his poem entitled "National song", without hiding his views on kings and aristocrats. The son of a butcher became one of the distinguished figures of the revolution and his patriotic poems animated a host of people, while some of them became a hallmark of the revolution.

He wasn't willing to accept any compromises and he wasn't suited to the wily world of politics either. He didn't become a representative, since he was vanquished by the demagogues and he was partly disillusioned, since the revolution didn't bring a number of changes he had called for. However, when everything was at stake and foreign armies attacked the country, Petőfi – who had a wife and son at the time and thus had much at stake – took up arms to defend the revolution. Since he was a gentle person who wouldn't harm a fly, they didn't let him go to the front, making him into a kind of adjutant. He continued to write poems until the very end, some of which are still alive in the minds of all Hungarians. The poet fell and the Russians finished him off in the summer of 1849, a few weeks before the tragic end of the revolution.

A vers is lehet fegyver!

Petőfi Sándornak (1823–1849), a leghíresebb magyar költőnek csak huszonhat év és néhány hónapnyi élet adatott. Volt közkatona, színész, lapszerkesztő, képviselőjelölt, katonatiszt. Népies verseivel az 1840-es években berobbant az irodalmi életbe. Verseskötetei a kis példányszám ellenére is nagy viharokat kavartak.

Petőfi fiatal volt, lelkes, és forradalmi lendülettel akarta a változásokat. 1848-ban a márciusi ifjakat a Nemzeti dallal lelkesítette, és nem titkolta, mit gondol a királyokról, arisztokratákról. A mészárosmester fia a forradalom egyik ismert alakja volt, hazafias versei sokakat lelkesítettek, és némelyik szinte a szabadságharc sajátos védjegyévé vált.

Nem ismert kompromisszumokat, a politika furfangjai nem neki valók voltak. Nem lett belőle képviselő, a demagógok legyőzték, részben ki is ábrándult, hiszen a forradalom számos változást – amit ő sürgetett – nem valósított, nem valósíthatott meg. De amikor veszélybe került minden, idegen hadseregek támadtak az országra, Petőfi – bár már felesége és kisfia, tehát veszítenivalója is volt – fegyvert ragadott a forradalom védelmében. Szelíd ember volt, senkit sem tudott volna bántani, ezért nem is engedték a frontra, inkább csak afféle szárnysegéd lehetett. Az utolsó percig írta verseit, ezek egy része máig ott van a magyarok fejében. Költőnk csatában esett el, oroszok végeztek vele 1849 nyarán, pár héttel a szabadságharc tragikus vége előtt.

Das Gedicht kann auch eine Waffe sein!

Sándor Petőfi (1823–1849), der größte ungarische Dichter lebte nur 26 Jahre und ein paar Monate. Er war Soldat, Schauspieler, Redakteur, Abgeordnetenkandidat und Offizier. Mit seinen volkstümlichen Gedichten wurde er in den 1840er Jahren in Literaturkreisen bekannt. Trotz der kleinen Auflage erregten seine Gedichtsbände große Aufmerksamkeit. Petőfi war jung und begeistert, und mit revolutionärem Schwung forderte er Veränderungen. Im März 1848 feuerte er die jungen Revolutionäre mit seinem „Nationallied" an, und verheimlichte nicht, was er über die Könige und Aristokraten dachte. Der Sohn eines Metzgermeisters war eine bekannte Figur der Revolution, seine patriotischen Gedichte ermutigten viele Menschen und wurden zu einem eigenartigen Merkmal des Freiheitskampfes. Er kannte keine Kompromisse und hielt

nichts von politischen Machenschaften. Er wurde nicht zum Abgeordneten gewählt, die Demagogen bekämpften ihn. Er war enttäuscht, weil die Revolution viele Reformen, auf die er auch drängte, nicht verwirklichte, nicht verwirklichen konnte. Aber als alles in Gefahr geriet und das Land von fremden Heeren bedroht wurde, griff er zu den Waffen, um die Revolution zu verteidigen, obwohl er auch viel zu verlieren hatte, da er verheiratet war und einen kleinen Sohn hatte. Er war ein sanfter Mensch, der niemandem etwas antun konnte, deshalb wurde er nicht an die Front gelassen, er diente als Adjutant. Er schrieb seine Gedichte bis zu seinem letzten Atemzug. Seine Zeilen sind jedem Ungarn bekannt. Unser Dichter fiel auf dem Schlachtfeld im Sommer 1849, einige Wochen vor dem tragischen Ende des Freiheitskampfes.

Pesti srácok '56

Die Pester Jungen von 1956

Ihr Name ist unbekannt. Es gibt nur einige Gesichter, die uns die alten, schwarz-weißen Bilder bewahrten. Alle erzählten von ihnen, und auch heute noch spricht man über sie. Sie waren Teenager, Schüler. Als 1956 der Volksaufstand ausbrach, der den ersten Versuch verkörperte, der den Zerfall des Kommunismus und der Sowjetunion vorbereitete, zogen nicht nur Erwachsene in den Kampf. Die Teenager ergatterten Waffen und kämpften auf den Barrikaden, die sie in den kleinen Nebenstraßen errichteten, gegen die Panzer der Sowjets. Sie lernten an einem einzigen Tag schießen. Sie lernten, dass sie die brennenden Benzinflaschen – die sog. Molotowcoctails – in die Lüftungsöffnung der Panzer hineinwerfen müssen, damit sich das Feuer auch im Inneren der Panzer verbreiten kann. Sie lernten, wie man sich versteckt und wie man angreift, wenn es nötig ist. In Tagen entwickelten sie sich zu „städtischen Partisanen" im positiven Sinne. Sie kämpften unter den durchlöcherten Flaggen. Aus den Berichten der ausländischen Journalisten und Fotoreporter, die sich nach Ungarn wagten, lernte man sie kennen, ihre mageren, gespannten Gesichter waren auf den Titelseiten der großen Zeitungen zu sehen. Sie hielten stand, solange es möglich wahr, oft noch darüber hinaus. Wer von ihnen gefangen wurde, der wurde von der rachsüchtigen Macht ins Gefängnis gesteckt oder hingerichtet. Die untere Altersgrenze für Strafbarkeit wurde auf 16 Jahre gesenkt, und diese Jungen wurden an ihrem 16. Geburtstag ermordet. Die entkommen konnten, flohen weit weg und kehrten erst Jahrzehnte später als Erwachsene mit bitteren Erinnerungen zurück. Sie sind schon alt, viele sind nicht mehr am Leben, aber wir behalten sie noch lange in gutem Gedächtnis.

Nincs nevük. Arca is csak néhánynak, amit régi, fekete-fehér fényképek őriztek meg. Mindenki beszélt róluk akkor, és most újra emlegetik őket. Tizenévesek voltak, iskolások még. Amikor 1956-ban fellobbant a forradalom lángja – az egyik első olyan megmozdulás, amely előkészítette a kommunizmus és a Szovjetunió bukását –, nem csak a felnőttek vonultak harcba. Ezek a kamasz gyerekek fegyvert szereztek és barikádokon, keskeny mellékutcákban szálltak szembe a szovjet tankokkal. Egy nap alatt megtanultak lőni. Megtanulták, hogy az égő benzines palackot – a „Molotov-koktélt" – a szovjet tankok szellőzőnyílásaira kell dobni, így a tűz belül is azonnal szétterjed. Megtanultak elrejtőzni, ha kellett, és támadni, ha arra volt szükség. Napok alatt jó értelemben vett „városi partizánokká" lettek. Lyukas piros-fehér-zöld zászlók alatt állták a sarat.

Idemerészkedett nyugati fotósok és újságírók vitték el hírüket, némelyikük sovány, feszült arca ott virított a világlapok címlapján is. Kitartottak, amíg lehetett, és még azon túl is. Akiket a vérgőzös hatalom elkapott, azokat börtönbe zárták, vagy végeztek velük. A halállal büntethetőség határát tizenhat évre vitték le, és ezeket a srácokat éppen a tizenhatodik születésnapjukon gyilkolták meg. Akiknek sikerült megmenekülniük, messzire menekültek, és csak évtizedekkel később, felnőttként, szemükben keserű fénnyel látogattak haza. Most már öregek, vagy nem is élnek – de az emlékük még sokáig itt marad bennünk.

The Boys from Pest '56

They have no names. They're faceless as well, apart from those captured on a few black-and-white images. Nevertheless, people talked a lot about them at the time and still do to this very day. They were teenagers and school students when the revolutionary flame of 1956 erupted in the country – the first event that set up the fall of communism and the Soviet Union – so we can't really say that only adults took part in the fights. They were teenagers with guns, facing Soviet tanks on barricades erected in narrow side streets. They learnt to fire their weapons in a single day and to throw ignited flasks of gasoline – so-called "Molotov cocktails" – into the ventilation shafts of the Soviet tanks, allowing the flames to spread within the armoured vehicles. They learnt how to disguise themselves and hide if necessary. They became "urban partisans" in a matter of days, standing their ground with torn red-white-and-green flags.

Their fame spread thanks to western photographers and journalists who dared to venture into Hungary at the time, with some of their lean, tense faces appearing on the covers of magazines all over the world. They persisted until conceivably possible – and even beyond. The ones captured by the blood-thirsty powers-that-be were imprisoned or executed. The death penalty was lowered to sixteen years of age, and thus these kids were murdered on their sixteenth birthday. The ones who managed to escape fled the country, only to return decades later as adults with a bitter gleam in their eyes. They might be old or departed by now – but their memory is still here with us.

Felvidék

63004 km²

1.084.000 magyar

Örvidék

4.026 km²

64.000 magyar

93.030 km²

7.600.000 magyar

Délvidék

63.497 km²

563.000 magyar